Gotthold Bötticher

Die Litteratur des siebzehnten Jahrhunderts

ausgewählt und erläutert

Gotthold Bötticher

Die Litteratur des siebzehnten Jahrhunderts
ausgewählt und erläutert

ISBN/EAN: 9783744697101

Hergestellt in Europa, USA, Kanada, Australien, Japan

Cover: Foto ©ninafisch / pixelio.de

Weitere Bücher finden Sie auf www.hansebooks.com

Die Litteratur

des

siebzehnten Jahrhunderts.

Ausgewählt und erläutert

von

Gotthold Bötticher.

Halle a. S.,
Verlag der Buchhandlung des Waisenhauses.
1892.

Vorwort.

Die Gesichtspunkte, unter welchen die in diesem Hefte gebotene Auswahl aus der Litteratur des 17. Jahrhunderts getroffen ist, erhellen aus der Einleitung. Von ihnen aus betrachtet bietet auch das sonst so unfruchtbare und geringgeschätzte 17. Jahrhundert reichen Stoff für ein tieferes Verständnis der Bedingungen nationalen Geisteslebens. In der Textgestaltung ist der auch für die Lyrik des 16. Jahrhunderts befolgte Grundsatz maßgebend gewesen, die Formen und Worte in der originalen Form beizubehalten, die ursprüngliche Orthographie aber durch unsere heutige zu ersetzen, da die getreue Wiedergabe des Wirrwarrs und der Willkür der Schreibung vergangener Zeiten unseren Zwecken mehr schadet als nützt. Nur wo dialektische Eigentümlichkeit in der Schreibung zum Ausdruck kommt, wie etwa in dapfer für tapfer ist die alte Form beibehalten. Übrigens unterscheidet sich die Schreibung des 17. Jahrhunderts von der heutigen nur noch durch einige Konsonanthäufungen und die Willkür im Gebrauche großer Anfangsbuchstaben. Nicht für alle Lieder waren mir die ältesten Drucke zugänglich, von wenigen Dichtern nur sind kritische Ausgaben vorhanden; selbst aber kritische Texte herzustellen lag nicht in meiner Aufgabe.

Die ursprüngliche Absicht, auch eine Auswahl aus der Litteratur des 18. Jahrhunderts bis Klopstock mit diesem Hefte zu vereinigen, erwies sich als undurchführbar; das Heft wäre zu stark geworden. Eine Auswahl aus Gottsched, Bodmer, den Leipziger und Hallischen Dichtern wird daher als besonderes Heft erscheinen und damit das beabsichtigte Programm erledigen, welches nur, gemäß den neuesten amtlichen Bestimmungen, durch eine Ausgabe des Nibelungenliedes im Urtext noch vervollständigt wird.

Inhalt.

	Seite
Einleitung	1
A. Martin Opitz, seine Anhänger und Nachahmer, oder die sogenannte Erste schlesische Schule	7
a. Die schlesischen Dichter	8
I. Martin Opitz	8
1. Das Buch von der deutschen Poeterei	8
Ich empfinde fast ein Grauen	12
2. O Licht, geboren aus dem Lichte	18
3. Wer Gott das Herze giebet	18
II. Johannes Heermann	19
1. Herzliebster Jesu, was hast du verbrochen	19
2. So wahr ich lebe, spricht dein Gott	21
III. Andreas Gryphius	22
1. O Herrlichkeit der Erden	22
2. Horribilicribrifax	24
IV. Friedrich von Logau	36
1. Vergnüglichkeit	36
2. Redlichkeit	36
3. Der sondere Stand	36
4. Das Hausleben	36
5. Gegenwärtiges	37
6. Traurigkeit	37
7. Geld	37
8. Erbschaften	37
9. Regieren	37
10. Wein-Freundschaft	37
11. Freunde	37
12. Eingeborne	38
13. Adel	38
14. Adel	38
15. Die tapfere Wahrheit	38
16. Hoffnung und Geduld	38
17. Geduld	39

	Seite
18. Vermessenheit	39
19. Sparsamkeit	39
20. Die beste Arznei	39
21. Die Sünden	39
22. Das Beste in der Welt	39
23. Unbeständige Arbeit	39
24. Selbsterkenntniß	40
25. Die Herzens-Kirche	40
26. Göttliche Verordnung	40
27. Alles auf Gott	40
28. Die Liebe Gottes und der Welt	40
29. Ein Glaube und kein Glaube	40
30. Glaube	40
31. Religion	41
32. Heuchler	41
33. Namen ohne Sache	42
34. Der Glaube	42
35. Lebenssatzung	42
36. Die Liebe des Nächsten	42
37. Teutschland	42
38. Das gewandelte Teutschland	43
39. Teutsche Sprache	43
40. Fremde Tracht	43
41. Französische Gebärde	43
42. Französenfolge	43
43. Französische Kleidung	44
44. Friede und Krieg	44
b. Die sächsischen Dichter	44
V. Paul Fleming	44
1. In allen meinen Thaten	44
2. Laß dich nur nichts nicht dauren	47
3. Tugend ist mein Leben	47
4. Ein getreues Herze wissen	48
5. Eine hab ich mir erwählet	49
6. Über Herrn Martin Opitzen sein Ableben	50
7. Herrn Pauli Flemingi Grabschrift	51
VI. Martin Rinkart	51
1. Nun freut euch, lieben Christen gemein	52
2. Nun danket alle Gott	53
Der Königsberger Dichterkreis	54
VII. Simon Dach	54
1. Die Sonne rennt mit Prangen	54
2. Der Mensch hat nichts so eigen	55
3. Anke van Tharau	56
4. O wie selig seid ihr doch, ihr Frommen	58

Inhalt.

		Seite
VIII.	Heinrich Albert	59
	Gott des Himmels und der Erden .	59
IX.	Valentin Thilo	60
	Mit Ernst, ihr Menschenkinder	60
d. Die niederdeutschen Dichter . .		62
X.	Johann Rist	62
	1. Germaniens Klagelied . . .	62
	2. O Traurigkeit, o Herzeleid .	63
	3. O Ewigkeit, du Donnerwort	65
e. Die thüringischen und süddeutschen Dichter .		67
XI.	Wilhelm IV. Herzog von Sachsen-Weimar	67
	Herr Jesu Christ, dich zu uns wend	67
XII.	Hartmann Schenk	67
	Unsern Ausgang segne Gott . . .	67
XIII.	Johann Michael Altenburg	68
	Verzage nicht, o Häuflein klein	68
XIV.	Josua Wegelin	69
	Auf Christi Himmelfahrt allein	69
XV.	Georg Philipp Harsdörffer	69
	Die Nacht ist nun vergangen . .	69
B. Paulus Gerhardt und seine Schule		71
XVI.	Paulus Gerhardt	72
	1. Wach auf, mein Herz, und singe	72
	2. Die güldne Sonne	73
	3. Nun ruhen alle Wälder	76
	4. Geh aus, mein Herz, und suche Freud . . .	77
	5. Warum sollt ich mich doch grämen	80
	6. Ich singe dir mit Herz und Mund	83
	7. Befiehl du deine Wege	85
	8. Wie soll ich dich empfangen	88
	9. Ich steh an deiner Krippen hier	90
	10. O Haupt voll Blut und Wunden	93
	11. Auf, auf, mein Herz, mit Freuden . . .	96
	12. Gott Lob, nun ist erschollen	98
XVII.	Michael Schirmer	100
	O heilger Geist, kehr bei uns ein . . .	100
XVIII.	Christian Keimann	102
	Meinen Jesum laß ich nicht . . .	102
XIX.	Samuel Rodigast	103
	Was Gott thut, das ist wohlgethan	103

XX. Georg Neumark
  Wer nur den lieben Gott läßt walten
XXI. Von unbekannten Verfassern
  1. Schönster Herr Jesu
  2. Jesus, meine Zuversicht
  3. Ach bleib mit deiner Gnade

C. Der jüngere schlesische Kreis und Verwandte

XXII. Johann Scheffler (Angelus Silesius)
  1. Ich will dich lieben, meine Stärke
  2. Mir nach, spricht Christus, unser Held
  3. Die Ruhe ist das höchste Gut
  4. Die Augen der Seele
  5. Der eigene Wille stürzt alles
  6. Der Weise fehlt nie des Zieles
  7. Der Reiche ist wahrhaft arm
  8. Anmaßung ist der Fall
  9. Wann der Mensch Gott ist
  10. Der nächste Weg zu Gott
  11. Gott schätzt die Werke nach dem Wesen
XXIII. Christian Knorr von Rosenroth
  Morgenglanz der Ewigkeit
XXIV. Ahasverus Fritsch
  Wie herrlich ist die neue Welt
XXV. Johann Jakob Schütz
  Sei Lob und Ehr dem höchsten Gut
XXVI. Joachim Neander
  Lobe den Herren, den mächtigen
XXVII. Johann Mentzer
  O daß ich tausend Zungen hätte
XXVIII. Abraham a Santa Clara (Ulrich Megerle)
  Auf, auf, ihr Christen

Einleitung.

Die Reformation steht im Mittelpunkte der Geschichte der deutschen Litteratur. Sie ist unstreitig auch ein wesentlicher Faktor in der Wendung der politischen Geschichte vom Mittelalter zur Neuzeit, aber ihre eigentliche Bedeutung als Scheide zweier Epochen giebt ihr die Umgestaltung und Wiedergeburt des geistigen Lebens, und darin ist ihr entscheidender Einfluß auf die deutsche Litteratur begründet. (Worin diese ihre Bedeutung sich äußerte, erhellt hinlänglich aus den vier dem 16. Jahrhundert gewidmeten Heften unserer Denkmäler.) Die Ansätze zu einem nationalen Aufschwunge der Litteratur, der Poesie wie der Prosa, welche im Laufe des 16. Jahrhunderts klar hervortraten, ließen für das 17. Jahrhundert eine hohe Blüte erwarten. Eine Sprache, welche alle Höhen und Tiefen erschöpfen konnte, bot Luthers Bibel; ein echt volkstümliches Empfinden und Denken hatte in Hans Sachs' Dichtungen seinen Ausdruck gefunden; ein reicher Schatz poetischer Ausdrucksmittel war durch die mit der Reformation so eng verbundenen Renaissance gehoben und harrte nur seiner rechten Verwertung und Verbindung mit dem Volkstümlichen und seinem Urquell, dem deutschen Volksliede, und für das nationale Drama hatte England in seinem Shakespeare einen Typus geschaffen, dessen Einfluß sich Deutschland, wie die Folgezeit bewies, nicht entziehen konnte. Aber all dieses verheißungsvolle Keimen und Sprossen erfuhr eine jähe Unterbrechung, wie die dem Frühling entgegenschwellende Natur durch Frost, Sturm und Schnee. Dies geschah durch das größte nationale Unglück, welches Deutschland je über sich hat ergehen lassen müssen, durch den dreißigjährigen Krieg. Unter seinem Zeichen steht das siebzehnte Jahrhundert.

Das ganze Elend, die geistige und materielle Verarmung, das ästhetische Siechtum und die sittliche Verwahrlosung zu schildern, welche der Krieg über unser Vaterland brachte, kann hier nicht unsere Aufgabe sein; ein in seiner Art klassisches Bild der Zeit giebt der mit Recht hochgeschätzte Abenteuer-Roman Simplicissimus von Christoph von Grimmelshausen.¹

Auch ist es nicht in erster Linie Aufgabe der Schule, sich in diese traurigen Zustände zu vertiefen, sondern vielmehr das Verständnis anzubahnen für die Mächte, welche wieder bessere Zeiten herbeizuführen vermochten, für die Quellen der Erneuerung, zu welchen sich alle edleren Geister der Zeit fast instinktiv wandten. Das ist aber in erster Linie die Religion. In ihr suchte man Trost und Erhebung, und in ihr fand man eine Zufluchtsstätte in allen Enttäuschungen, aller Not und Erbärmlichkeit des Daseins.

Dieses Gefühl war so mächtig, daß sich ihm kein Dichter der Zeit, keiner, der sich über das Alltägliche erhob, entziehen konnte. Daher bildet die **geistliche Lyrik** Kern- und Mittelpunkt der Poesie des siebzehnten Jahrhunderts und erreicht in ihm ihre Blüte und **klassische Vollendung**. Sie bildet noch heute den hauptsächlichsten Bestand unserer Gesangbücher und behält ihren Wert für alle Zeiten. Nicht nur die großen Heilsthatsachen, welche die christlichen Feste verkündigen, sondern jede Schattierung andachtsvoller Erhebung des Gemüts, das kindlichheitere, klare Gottvertrauen wie die Schauer der Ehrfurcht vor der Majestät Gottes und dem Ernste der Ewigkeit, das schlichte, innige Gebet wie der schwungvolle Hymnus, die reale Freude an Gottes Schöpfung wie mystisches sich Versenken, die glaubensstarke Erfassung des Irdischen, wie die Sehnsucht nach dem Himmel, alles findet hier seinen Ausdruck in gleich vollendeter Weise. Und darin liegt zugleich die notwendige Ergänzung, die das Kirchenlied des 17. Jahrhunderts zu dem des 16. bietet: an die Stelle der Bekenntnislieder, welche dem Gemeindebewußtsein objektiven Ausdruck gaben, ist der Ausdruck der andächtigen Empfindung des Einzelnen getreten; beide sind für die Äußerung des religiösen Lebens gleich notwendig, aber in dem letzteren wird, wenn ihm die typische Gestaltung gelingt, die Klassizität erreicht, denn hier erst kommt das Wesen der lyrischen Dichtung ganz zu seinem Rechte (vgl. Einl. zu Denkm. III, 4, S. 2).

---

1) Für die Schule herausgegeben von G. Klee in Velhagen und Klasings Sammlung.

Und noch eins darf bei der Würdigung der geistlichen Poesie der Zeit nicht übersehen werden. Das ist die Thatsache, daß sie allein frei aus dem Herzen quillt und völlig unabhängig ist von allen ausländischen Mustern und Vorbildern, welche alle übrigen Gattungen derartig beherrschen, daß das ganze Jahrhundert geradezu das Jahrhundert der **Nachahmung** genannt wird. Dennoch ist auch aus der geistigen Unselbständigkeit jener Zeit der geistlichen Dichtung etwas zu gute gekommen, was sie formal über die des sechszehnten erhebt, **Das** ist der **Rhythmus**, welcher, wenn auch zunächst lediglich in Anlehnung an die altklassische Metrik, von Opitz zum formalen Prinzip der Poesie erhoben wurde. Die bloße Silbenzählung wurde durch seine im „**Buch von der deutschen Poeterei**" ausgesprochenen metrischen Grundsätze für immer beseitigt, und ebenso die früher ganz unbefangen geübten Wortverstümmelungen. Das ist ein unleugbares, nicht unbedeutendes Verdienst des schlesischen Gelehrten, aber es ist auch das einzige nennenswerte, und die ungebührliche Verherrlichung, welche er bei seinen Zeitgenossen und auch späteren Geschlechtern als Dichter gefunden hat, ist für uns nur ein Beweis für den tiefen Stand der ästhetischen Bildung des Jahrhunderts. Männer wie **Dach**, **Albert**, **Fleming**, **Logau** nannten ihn mit Stolz ihren Meister, obwohl sie als Dichter bedeutender waren als er. Deshalb heißt diese Gruppe von Dichtern, denen sich noch viele andere, wie Thilo, Rinkart, Rist, Wegelin, Gryphius anreihen, in der Litteraturgeschichte die **erste schlesische Schule**. Aber auch von ihren Dichtungen haben nur wenige bleibenden Wert, und diese wenigen haben ihn wiederum in der religiösen Grundstimmung, welche thatsächlich der einzige fruchtbare Boden für lyrische Erzeugnisse war. Die übrigen sehr zahlreichen Gedichte, die von ihnen überliefert sind, gehören der im 17. Jahrhundert wuchernden und von Opitz zwar verurteilten, aber doch im weitesten Umfange geübten Gelegenheitsdichtung an.

Eine besondere Stellung nimmt Friedrich von Logau ein. Er ist zwar nur ein einseitig veranlagter Dichter, nämlich Epigrammatiker, aber der Ernst der Lebensanschauung, welchen er in Versen von mehr allgemeinem sittlichen Gehalt zum Ausdruck bringt, und die scharfe, klare Fassung seiner Epigramme, aus welchen man wohl allein ein Zeitbild entwerfen könnte, machen ihn zu einer bedeutenden Erscheinung, auf deren bleibenden Wert zuerst Lessing wieder aufmerksam gemacht hat, der mit Ramler Logaus ganz vergessene Werke neu herausgab."

Dieser ernste Sinn und diese religiös gegründete sittliche Lebensanschauung ist zugleich der sogenannten ersten schlesischen Schule charakteristisch im Gegensatz zu der zweiten, deren Hauptvertreter Kaspar von Lohenstein und Hoffmann von Hoffmannswaldau waren. Diese haben für die Schule keinerlei Bedeutung.

Logaus Epigramme sind der **Satire** verwandt, welche eine charakteristische Erscheinung des 16. und 17. Jahrhunderts ist. Von den plattdeutschen Satiren Laurembergs haben wir hier abgesehen, ebenso von den hochdeutschen Moscherosch s und Balthasar Schupps. Dagegen bot sich von selbst als ein Beispiel die der Satire sehr nahe stehende Türkenpredigt „Auf, auf ihr Christen" von Abraham a Santa Clara (Ulrich Megerle) wegen ihrer Beziehung zu Schillers Kapuzinerpredigt.

Der Satire dient auch großenteils das **Drama** der Zeit, und gerade die satirischen Lustspiele haben allgemeineren Wert behalten, weil sie uns das beste Zeitbild geben und am wenigsten von fremden Mustern abhängig sind.

Der namhafteste Vertreter des Dramas ist Andreas Gryphius. Aus dem angedeuteten Grunde kommt für uns nur das satirische Lustspiel „Horribilicribrifax" in Betracht. Es ist eine treffliche Geißelung der durch den 30jährigen Krieg herbeigeführten geistigen und sittlichen Verrohung. Die materielle Not, die Gewinnsucht, die hohle Prahlerei der Bramarbasse des Krieges, die unnatürliche, aller wahren Empfindung bare, schwülstige Sprache, die Fremdwörterseuche, die erbärmliche Sucht, mit den ausländischen, den antiken wie den modernen Flittern in Sprache und Kleidung zu prahlen, kurz dieses ganze bejammernswerte Absterben des Nationalgefühls nach dem Kriege tritt uns hier in lebendigen, dem Leben abgelauschten Bildern entgegen. In ihnen zugleich eine Erläuterung zu Logaus Epigrammen zu finden, ist eine leichte Aufgabe.

Das nationale Interesse berührt gerade die „Ausländerei" sehr nahe, und so durften denn auch Beispiele von den Mitteln und Wegen, welche man schon damals zu ihrer Bekämpfung anwandte, in diesem Hefte nicht fehlen. Gryphius' Satire war schon ein solches Mittel, und diesem mehr indirekten Angriffe stehen die Epigramme Logaus und die Mahnungen Opitz' in dem

Buche von der deutschen Poeterei als direkte Bekämpfung zur Seite. Aber daneben stehen noch andere, dem 17. Jahrhundert eigentümliche Erscheinungen, welche ihrer Natur nach quellenmäßige Berücksichtigung nicht finden konnten.) Das sind die Sprachgesellschaften, welche daher wenigstens an dieser Stelle eine ergänzende Erwähnung finden mögen. Die wichtigste ist die Fruchtbringende Gesellschaft (oder der Palmenorden. Sie war vom Fürsten Ludwig von Anhalt 1617 auf Schloß Hornstein bei Weimar genau nach dem Muster einer italienischen Gesellschaft gestiftet, und zahlreiche deutsche Fürsten und Herren vom hohen Adel ließen sich aufnehmen. Auch der Große Kurfürst war ihr Mitglied. Trotzdem wurden keine Standes- und Religionsunterschiede gemacht. Auch Opitz gehörte zu der Gesellschaft, und Katholiken und Protestanten vergaßen ihre Gegensätze und fanden sich auf dem gemeinsamen Boden geistiger Thätigkeit, dem Kampfe für die Reinheit der deutschen Sprache, zusammen. Aber so erfreulich diese echt nationale Regung auch war und so verheißungsvoll das edle Ziel, so wenig waren ihre Vertreter doch ihrer Aufgabe gewachsen. Sie blieben in theoretischen und formalen Erörterungen stecken, es fehlte ein schöpferischer Geist, der die unumgängliche Grundlage, die innere nationale Erneuerung schuf. Die übrigen Gesellschaften erfaßten das Wesen der Sache noch weniger, am wenigsten die Teutschgesinnte Genossenschaft, obwohl sie die strengste Konsequenz zogen. Philipp von Zesen aus Hamburg stiftete sie 1643. Er vergaß in seinem Eifer, Lehnwörter von Fremdwörtern zu scheiden und wollte daher auch schon ganz eingebürgerte, germanisierte Wörter, deren fremden Ursprung niemand mehr fühlt, ja sogar deutsche Wörter, die er für fremde hielt, „verdeutschen". Das führte zu den bekannten Geschmacklosigkeiten, wie „Zeugemutter" für Natur, „Hausloch" für Thüre, „Tageleuchter" für Fenster, „Löschhorn" oder „Gesichtserker" für Nase u. dgl. m. Auf ihn paßt recht eigentlich Logaus treffliches Epigramm:

Teutsche mühen sich jetzt hoch, deutsch zu reden sein und rein,
Wer von Herzen redet deutsch, wird der beste Teutsche sein.

Kaum erwähnenswert sind die übrigen, welche zugleich Dichtervereine waren: die Pegnitzschäfer in Nürnberg (Gesellschaft der Hirten an der Pegnitz oder der gekrönte Hirten- und Blumenorden), 1644 von Harsdörffer und Klaj in Nürnberg gestiftet, und der Elbschwanenorden, 1656 von

J. Rist gegründet. Die süßliche und schwulstige Tändelei der ersteren steht in naher Beziehung zu den Verirrungen der sogenannten zweiten schlesischen Schule, und Harsdörffer war es, welcher dem Grundirrtum, von dem nicht nur diese Vereine, sondern die ganze Zeit von den Meistersingern bis Gottsched beherrscht war, daß nämlich die Dichtkunst erlernbar sei, charakteristischen Ausdruck gab in seinem „Nürnberger Trichter, d. i. Poetischer Trichter, die Teutsche Dicht- und Reimkunst in sechs Stunden einzugießen, Nürnberg 1647."*) Trotzalledem gebührt diesen Gesellschaften, ganz besonders der zuerst genannten, das Verdienst, den führenden höheren Kreisen wieder den Begriff einer nationalen Litteratur geläufig gemacht zu haben, und das Bemühen um Reinerhaltung der Muttersprache weckte zuerst wieder das Gefühl des allen Volksgenossen Gemeinsamen und Verbindenden. Das erkannte auch ein echt deutscher Mann wie Ernst Moritz Arndt an, wenn er sagte: „Es waren nicht bloß gelehrte, nicht dunkle und kleine Männer, die bloß aus Eitelkeit für die Erhaltung der deutschen Sprache schrieben und redeten, es waren deutsche Fürsten und Herren, die in ihrem letzten Willen ihren Kindern Sorge und Achtung für die deutsche Sprache empfahlen. Darum soll ihr Andenken uns noch heute gesegnet sein." Besonders nahe aber liegt die Erinnerung an sie unserer heutigen Zeit, in welcher das Streben nach Sprachreinigung so erfreulichen Aufschwung genommen und, gestützt auf die nationalen Großthaten und den unvergänglichen Schatz einer großartigen Nationallitteratur einerseits, auf gediegene wissenschaftliche Grundlage andererseits, auch entsprechende Erfolge erzielen kann und schon erzielt hat.

A.

M. Opitz, seine Anhänger und Nachahmer

oder die sogenannte

Erste schlesische Schule.

Charakteristisch ist das Streben nach Korrektheit der Form in Opitz' Sinne, welches in der Lyrik rechte Volkstümlichkeit und Entfaltung des Gefühls noch nicht aufkommen läßt. Die religiöse Lyrik gelangt erst allmählich zu dem freieren Ausdruck der religiösen Erfahrung. Vgl. Einl. S. 2. Die formalen Härten der früheren Kunstübung sind noch nicht überall vermieden. Neben der Lyrik wird besonders das Drama gepflegt, welches teils ernsten, teils satirischen Inhalts ist. Die Satire findet auch Ausdruck im Epigramm. Vgl. Einl. S. 4.

a. Die schlesischen Dichter.

I.
Martin Opitz.

Geb. 23. Dec. 1597 in Bunzlau, auf der Lateinschule in Bunzlau und Breslau gebildet und dort großes Sprachtalent ausgezeichnet, welches ihn lebenslang, neben gründlicher Beherrschung der italienischen Sprachen sich auch u. a. mit dem Französischen, Niederländischen und Italienischen vertraut zu machen, betrachtete er es gleich als eine Lebensaufgabe, das Teutsche bei den Gelehrten einzubürgern und in diesem Sinne die ausländische Dichtung in korrekter deutscher Schriftsprache nachzuahmen. Die Grundsätze, welche er hierbei befolgte, enthält der folgende Auszug aus einer „Teutschen Poeterey". Breslau 1624. Er ist zugleich der Begründer der charakteristischen Hofdichtung, welche ihm auch 1628 den Adelsstand durch den Kaiser Ferdinand einbrachte Martin Opitz von Boberfeld. Sein evangelisches Bekenntniß, dem er in den „Trostgedichten" kräftigen Ausdruck gegeben hatte, hinderte ihn nicht, auch in die Dienste des Burggrafen Hannibal von Dohna, des Führers der Gegenreformation in Schlesien zu treten und ihn in Gedichten zu verherrlichen. Vorher und nachher war er in Diensten der Herzöge von Liegnitz-Brieg und zuletzt in denen des Herzogs Ladislaw von Polen. Er starb in Danzig am 20. August 1639 an der Pest.

Martini Opitii
Buch von der Deutschen Poeterei.

In welchem alle ihre Eigenschaft und Zuegehör gründlich erzählet und mit Exempeln ausgeführet wird.

Das I. Kapitel.
Vorrede.

Wiewohl ich mir von der Deutschen Poeterei, auf Ersuchung vornehmer Leute, und dann zue besserer Fortpflanzung unserer Sprachen, etwas auf zue setzen vorgenommen, bin ich doch solcher Gedanken keinesweges, daß ich vermeine, man könne jemanden durch gewisse Regeln und Gesetze zu einem Poeten machen. Es ist auch die Poeterei eher getrieben worden, als man je von derselben Art, Amte und Zuegehör, geschrieben:

3 Zuegehör: zue aus mhd. zuo schreibt Opitz noch durchweg.

und haben die Gelehrten, was sie in den Poeten (welcher Schriften aus einem göttlichen Antriebe und von Natur herkommen, wie Plato hin und wieder hiervon redet) aufgemerket, nachmals durch richtige Verfassungen zusammen geschlossen, und aus vieler Tugenden eine Kunst gemacht. Bei den Griechen hat es Aristoteles vornehmlich gethan; bei den Lateinern Horatius; und zu unserer Voreltern Zeiten Scaliger so ausführlich, daß weiter etwas darbei zue thun vergebens ist. Derentwegen ich nur etwas, so ich in gemeine von aller Poeterei zu erinnern von Nöten zu sein erachte, hiervor setzen will, nachmals das was unsere deutsche Sprache vornehmlich angehet, etwas umbständlicher für Augen stellen.

Im II. und III. Kapitel spricht Opitz von der Poesie im allgemeinen und weist nachdrücklich darauf hin, daß sie so vielfach zu unwürdigen Dingen gemißbraucht werde und daß durch die Nichtachtung, ja Verwerfung ihrer Gesetze das Ansehen, sonderlich in Deutschland, verloren habe:

Die Worte und Syllaben in gewisse Gesetze zu bringen, und Verse zue schreiben, ist das allerwenigste, was in einem Poeten zu suchen ist. Er muß εὐφαντασίωτος, von sinnreichen Einfällen und Erfindungen sein, muß ein großes, unverzagtes Gemüte haben, muß hohe Sachen bei sich erdenken können, soll anders seine Rede eine Art kriegen und von der Erde empor steigen. Ferner so schaden auch dem guten Namen der Poeten nicht wenig diejenigen, welche mit ihrem ungestümen Ersuchen auf alles was sie thun und vorhaben, Verse fodern. Es wird kein Buch, keine Hochzeit, kein Begräbnis ohne uns gemacht; und gleichsam als niemand könnte alleine sterben, gehen unsere Gedichte zuegleich mit ihnen unter. Man will uns auf allen Schüsseln und Kannen haben, wir stehen an Wänden und Steinen, und wann einer ein Haus ich weiß nicht wie an sich gebracht hat, so sollen wir es mit unsern Versen wieder redlich machen; ja des närrischen Ansuchens ist kein Ende. Müssen wir

---

4 sie haben ihre Bemerkungen in den rechten Zusammenhang gebracht und aus der Zusammenstellung der dichterischen Tugenden eine Kunst, nämlich die Poetik, gemacht. — 7 Julius Cäsar Scaliger, ein Humanist aus dem 16. Jahrh. in Paris, berühmt durch Ausgaben von Klassikern, durch lateinische Dichtungen und eine nachgelassene Poetik von 1561. — 9. 10 acc. c. inf., auch bei Lessing noch.

also entweder durch Abschlagen ihre Feindschaft erwarten, oder durch Willfahren den Würden der Poesie einen merklichen Abbruch thun. Denn ein Poete kann nicht schreiben wenn er will, sondern wenn er kann, und ihn die Regung des Geistes, welchen Ovidius und andere vom Himmel her zu kommen vermeinen, treibet. —

Das IIII. Kapitel.
Von der deutschen Poeterei.

Von dieser deutschen Poeterei nun zu reden, sollen wir nicht vermeinen, daß unser Land unter so einer rauhen und ungeschlachten Luft liege, daß es nicht eben dergleichen zu der Poesie tüchtige ingenia könne tragen, als irgend ein anderer Ort unter der Sonnen.

Zum Beweise führt er Tacitus' Hinweise auf die Arminius-Lieder an, sowie die Spuren nordischer Poesie, endlich die Nachrichten aus der mittelhochdeutschen Periode:

Und über dies, sind doch eines . . . . . und anderer Sachen noch vorhanden, die manchen stattlichen lateinischen Poeten an Erfindung und Zier der Reden beschämen. Ich will nur aus dem Walther von der Vogelweide, Kaiser Philipses geheimen Rate, einen einigen Ort setzen; daraus leichtlich wird zue sehen sein, wie hoch sich selbige vornehme Männer, ungeachtet ihrer adelichen Ankunft und Standes, der Poeterei angemaßet:

(Folgt eine Stelle aus Walthers Leich.)

Und muß ich nur bei hiesiger Gelegenheit ohne Scheu dieses erinnern, daß ich es für eine verlorene Arbeit halte, im Fall sich jemand an unsere deutsche Poeterei machen wollte, der, nebenst dem, daß er ein Poete von Natur sein muß, in den griechischen und lateinischen Büchern nicht wol durchtrieben ist, und von ihnen den rechten Griff erlernet hat; daß auch alle die Lehren, welche sonsten zue der Poesie erfodert werden und ich jetzund kürzlich berühren will, bei ihm nichts verfangen können.

5 welchen — vermeinen acc. c. inf. — 17 Welches war das wirkliche Verhältnis Walthers zu Philipp? — 20 Ankunft = Abkunft.

Das V. Kapitel.

Von der Zuegehör der deutschen Poesie, und erstlich von der Invention oder Erfindung, und Disposition oder Abteilung der Dinge, von denen wir schreiben wollen.

Opitz erklärt in diesem Kapitel die Arten der Dichtung, da die klare Erkenntnis derselben für die richtige Anlage notwendig sei. Folgendes sei mitgeteilt:

Ein Heroisch Gedicht (das gemeiniglich weitläufig ist und von hohem Wesen redet) soll man stracks von seinem Inhalte und der Proposition anheben, wie Virgilius in den Büchern vom Ackerbau thut. ...

(Folgt als Beispiel Georg. I, 1—5 und als deutsches Beispiel der Anfang seines eigenen „Trostgedichtes in Widerwärtigkeit des Krieges.")

Nachmals haben die Heiden ihre Götter angerufen, daß sie ihnen zu Vollbringung des Werkes beistehen wollen: denen wir Christen nicht allein folgen, sondern auch an Frömmigkeit billig sollen überlegen sein. (Beispiele.)

... Auf dieses folget gemeiniglich die Dedikation; wie Virgilius seine Georgica dem Kaiser Augustus zugeschrieben. Item die Ursache, warumb man eben dieses Werk vor sich genommen.

(Beispiel aus Vergil und den „Trostgedichten.")

Das Gedicht und die Erzählung selber belangend, nimmt sie es nicht so genau, wie die Historien. ... läßt vieles außen, was sich nicht hinschicken will und setzet viel, das zwar hingehöret, aber neue und unverhofft ist, untermenget allerlei Fabeln, Historien, Kriegskünste, Schlachten, Ratschläge, Sturm, Wetter, und was sonsten zur Erweckung der Verwunderung in den Gemütern von nöten ist. ...

Die Tragedie ist an der Majestät dem Heroischen Gedichte gemäße, ohne daß sie selten leidet, daß man geringen Standes Personen und schlechte Sachen einführe: weil sie nur von Königlichem Willen, Totschlägen, Verzweifelungen, Kinder- und Vatermörden, Brande, Blutschanden, Kriege und Aufruhr, Klagen,

---

1 Dieses und das folgende Kapitel dienen nur dazu, die Äußerlichkeit der ästhetischen Begriffe Opitz' und seiner Zeit zu kennzeichnen. — 5 Heroisch Ged. = Epos. — 12 Vgl. Klopstocks Messias. — 25 schlechte, gewöhnliche.

Heulen, Seufzen und dergleichen handelt. Von derer Zugehör schreibt vornehmlich Aristoteles, und etwas weitläuftiger Daniel Heinsius, die man lesen kann. Die Komedie besteht in schlechtem Wesen und Personen: redet von Hochzeiten, Gastgeboten, Spielen, Betrug und Schallheit der Knechte, ruhmredigen Landsknechten, Buhlersachen, Leichtfertigkeit der Jugend, Geize des Alters, Kupplerei und solchen Sachen, die täglich unter gemeinen Leuten vorlaufen. Haben derowegen die, welche heutiges Tages Komedien geschrieben, weit geirret, die Kaiser und Potentaten eingeführet, weil solches den Regeln der Komedien schnurstracks zuewider laust.

Die Lyrica oder Gedichte, die man zur Musik sonderlich gebrauchen kann, erfodern zuevörderst ein freies, lustiges Gemüte, und wollen mit schönen Sprüchen und Lehren häufig gezieret sein: wider der andern Carminum Gebrauch, da man sonderliche Maße wegen der Sentenze halten muß, damit nicht der ganze Körper unserer Rede nur lauter Augen zue haben scheine, weil er auch der andern Glieder nicht entbehren kann. Ihren Inhalt betreffend, saget Horatius:

Musa dedit fidibus divos, puerosque deorum
Et pugilem victorem, et equum certamine primum.
Et iuvenum curas, et libera vina referre.

Er will so viel zue verstehen geben, daß sie alles, was in ein kurz Gedichte kann gebracht werden, beschreiben können; Buhlerei, Tänze, Bankette, schöne Menscher, Gärte, Weinberge, Lob der Mäßigkeit, Nichtigkeit des Todes, ꝛc. Sonderlich aber Vermahnung zu der Fröhlichkeit: welchen Inhalts ich meiner Oden eine, zue Beschließung dieses Kapitels, setzen will:

Ode.

Ich empfinde fast ein Grauen,
Daß ich, Plato, fur und fur
Bin gesessen uber dir;
Es ist Zeit hinaus zu schauen,
Und sich bei den frischen Quellen

---

2 Opiz denkt wohl an die mißverstandenen Ausführungen des Aristoteles über Furcht und Mitleid. 3 Heinsius, ein holländischer Philolog. 4 schlichtem vgl. 11, 25. 8 vorlausen, verlaufen, sich ereignen. — 25 Menscher, Plur. von dem auch noch im 18. Jahrh. gebräuchlichen das Mensch. Gärte, unrichtige Form für Gärten. — 29 Das Gedicht ist eine Nachahmung einer französ. Ode Ronsards.

In dem Grünen zue ergehn,
Wo die schönen Blumen stehn
Und die Fischer Netze stellen.
Worzue dienet das Studieren
Als zu lauter Ungemach?
Unterdessen laust die Bach
Unsers Lebens, das wir führen,
Ehe wir es innen werden,
Auf ihr letztes Ende hin;
10 Dann kommt (ohne Geist und Sinn)
Dieses alles in die Erden.

Hola, Junger, geh und frage,
Wo der beste Trunk mag sein;
Nimm den Krug und fülle Wein!
15 Alles Trauren, Leid und Klage,
Wie wir Menschen täglich haben,
Eh' uns Clotho fortgerafft,
Will ich in den süßen Saft,
Den die Traube giebt, vergraben.
20 Kaufe gleichfalls auch Melonen
Und vergiß des Zuckers nicht;
Schaue nur, daß nichts gebricht.
Jener mag der Heller schonen,
Der bei seinem Gold und Schätzen
25 Tolle sich zue kränken pflegt
Und nicht satt zu Bette legt;
Ich will, weil ich kann, mich letzen.

Bitte, meine guete Brüder,
Auf die Musik und ein Glas
30 Nichts schickt, dünkt mich, nicht sich baß
Als gut Trank und guete Lieder.
Laß ich gleich nicht viel zue erben,
Ei so hab ich edlen Wein;
Will mit andern lustig sein,
35 Muß ich gleich alleine sterben.

---

6 Bach ist md., besonders schlesisch, Fem.; vgl. nhd. die Bete.
— 28 Der Gebrauch der starken und schwachen Deklination des Adjektivs
wird im 17. Jahrhundert noch nicht klar geschieden. — guet, mhd. guot.

Das VI. Kapitel.
Von der Zubereitung und Zier der Worte.

Nachdem wir von den Dingen gehandelt haben, folgen jetzund die Worte; wie es der Natur auch gemäße ist. Denn es muß ein Mensch ihm erstlich etwas in seinem Gemüte fassen, hernach das, was er gefaßt hat, ausreden. Die Worte bestehen in dreierlei: in der Eleganz und Zierlichkeit, in der composition oder Zusammensetzung, und in der Dignität und Ansehen.

Die Zierlichkeit erfodert, daß die Worte rein und deutlich sein. Damit wir aber reine reden mögen, sollen wir uns befleißen, dem, welches wir Hochdeutsch nennen, besten Vermögens nach zue kommen, und derer Orter Sprache, wo falsch geredet wird, in unsere Schriften vermischen, als da sind: es geschach für es geschahe; er sach für er sahe; sie han für sie haben und anderes mehr, welches dem Reime auch bisweilen aushelfen soll, als:

    Der darf nicht sorgen für den Spott,
    Der einen Schaden krieget hat.

So stehet es auch zum heftigsten unsauber, wenn allerlei lateinische, französische, spanische und welsche Wörter in den Text unserer Rede geflickt werden: als wenn ich wollte sagen:

    Nehmt an die courtoisie, und die devotion,
    Die euch ein chevalier, ma donna, thut erzeigen;
    Ein' handvoll von favor petirt er nur zu Lohn,
    Und bleibet euer Knecht und serviteur ganz eigen.

Wie seltsam dieses nun klinget, so ist nichts desto weniger die Thorheit innerhalb kurzen Jahren so eingerissen, daß ein jeder, der nur drei oder vier ausländische Wörter, die er zum öfteren nicht verstehet, erwuscht hat, bei aller Gelegenheit sich bemühet dieselben herauszuwerfen.... Wie nun wegen Reinlichkeit der Rede fremde Wörter und dergleichen müssen vermieden werden, so muß man auch der Deutlichkeit halben sich für alle dem hüten, was unsere Worte tunkel und unverständlich macht. Als wann ich sagen wollte: Das Weib das Tier ergriff. Hier wäre zue zweifeln, ob das Weib vom Tiere oder das Tier vom Weibe

---

14 ff. Was folgt hieraus für Opitz' sprachgeschichtliche Kenntnisse? — 30 herauszuwerfen, dieselben von sich zu geben, anzubringen, vgl. Hornbuttelnbriesen.

wäre ergriffen worden: welches die Griechen eine *ἀνιστροφήν*
nennen. … Die *ἀναστροφή*, oder Verkehrung der Worte steht
bei uns sehr garstig, als: Den Sieg die Venus kriegt für: Die
Venus kriegt den Sieg. Item: Sich selig dieser schätzen mag für:
Dieser mag sich selig schätzen. Und so oft dergleichen gefunden wird,
ist es eine gewisse Anzeigung, daß die Worte in den Vers
gezwungen und gedrungen sein.

Das VII. Kapitel.
Von den Reimen, ihren Wörtern und Arten der Gedichte.

Nachdem Opitz über Apokope, Synkope und Hiatus sehr pedantische
Regeln aufgestellt hat, heißt es:

Daß wir nun weiter fortfahren, so ist erstlich ein jeglicher
Vers, wie sie die Franzosen auch abteilen (denn der Italiener
zarte Reimen alleine auf die weibliche Endung ausgehen), entweder ein fœmininus, welcher zur Ende abschießig ist und den
Accent in der letzten Silben ohne eine hat, als:

    Er hat rund um sich her das Wasser ausgespreitet,
    Den köstlichen Palast des Himmels zue bereitet;

oder masculinus, das ist männlicher Vers, da der Ton auf
der letzten Silbe in die Höhe steiget; als:

    Den Donner, Reif und Schnee, der Wolken blaues Zelt,
    Ost, Norden, Süd und West in seinen Dienst bestellt.

Nachmals ist auch ein jeder Vers entweder ein iambicus
oder trochaicus; nicht zwar daß wir auf Art der Griechen und
Lateiner eine gewisse Größe der Silben können in acht nehmen,
sondern daß wir aus den Accenten und dem Tone erkennen,
welche Silbe hoch und welche niedrig gesetzt soll werden. Ein
Jambus ist dieser:

    Erhalt uns, Herr, bei deinem Wort.

Der folgende ein Trochäus:

    Mitten wir im Leben sind.

Dann in dem ersten Verse die erste Silbe niedrig, die
andere hoch, die dritte niedrig, die vierte hoch, und so fortan,

---

12 abteilen, einteilen. — 14 abschießig, abgleitend, auf eine
Senkung ausgehend. — 15 d. h. in der vorletzten Silbe.

in dem anderen Verse die erste Silbe hoch, die andere niedrig, die dritte hoch, rc. ausgesprochen werden. Wiewohl nun meines Wissens noch niemand, ich auch vor der Zeit selber nicht, dieses genaue in acht genommen, scheinet es doch so hoch von nöten zur sein, als hoch von nöten ist, daß die Lateiner nach den quantitatibus oder Größen der Silben ihre Verse richten und regulieren. Denn es gar einen übelen Klang hat:

  Venus die hat Juno nicht vermocht zu obsiegen:

weil „Venus" und „Juno" jambische, „vermocht" ein trochäisch Wort sein soll: „obsiegen" aber, weil die erste Silbe hoch, die anderen zwo niedrig sein, hat eben den Ton, welchen bei den Lateinern der dactylus hat, der sich zuweilen (denn er gleichwohl auch kann geduldet werden, wenn er mit Unterscheide gesagt wird) in unsere Sprache, wann man dem Gesetze der Reimen keine Gewalt thun will, so wenig zwingen läßt, als custitus, pulchritudo und dergleichen in die lateinischen hexametros und pentametros zur bringen sind. . . . . . .

Unter den jambischen Versen sind die zur förderste zur setzen, welche man Alexandrinische, von ihrem ersten Erfinder, der ein Italiener soll gewesen sein, zur nennen pfleget, und werden anstatt der Griechen und Römer heroischen Verse gebrauchet. . . . . . Der weibliche Vers hat dreizehn, der männliche zwölf Silben, wie der iambus trimeter. Es muß aber allezeit die sechste Silbe eine caesur oder Abschnitt haben, und masculinae terminationis, das ist, entweder ein einsilbig Wort sein oder den Accent in der letzten Silben haben . . . . Zum Exempel sei dieses:

 Dich hätte Jupiter,   nicht Paris, ihm erkoren,
 Und würd' auch jetzt ein Schwan, wann dich kein Schwan geboren.
 Du heißest Helena,   und bist auch so geziert,
 Und wärest du nicht keusch,   du würdest auch entführt.

Die Reimen, deren weibliche Vers elf Silben und die männlichen zehen haben, nennen die Franzosen vers communs oder gemeine Verse, weil sie bei ihnen sehr im Brauche sind. Wie aber die Alexandrinischen Verse auf der sechsten Silbe, so haben diese auf der vierten ihren Abschnitt . . . . . .

Weil die Sonett und Quatrains oder vierversichten epigrammata fast allezeit mit Alexandrinischen oder gemeinen

19 Als Erfinder des Verses wird ein Mönch Alexand. de Vernay genannt.

Versen geschrieben werden (denn sich die andern fast darzue nicht schicken), als will ich derselben gleich hier erwähnen. Wann her das Sonett bei den Franzosen seinen Namen habe, wie es denn auch die Italiener so nennen, weiß ich anders nichts zue sagen, als dieweil Sonner klingen oder wiederschallen, und sonetto eine Klingel oder Schelle heißt, dies Gedicht vielleicht von wegen seiner hin und wieder geschränkten Reime, die fast einen andern Laut als die gemeinen von sich geben, also sei getaufet worden. Und bestätigen mich in dieser Meinung etliche Holländer, die dergleichen carmina auf ihre Sprache Klinggedichte heißen: welches Wort auch bei uns kann aufgebracht werden; wiewohl es mir nicht gefallen will.

Ein jeglich Sonett aber hat vierzehn Verse, und gehen der erste, vierte, fünfte und achte auf eine Endung des Reimens aus; der andere, dritte, sechste und siebente auch auf eine. Es gilt aber gleiche, ob die ersten vier genannten weibliche Termination haben und die andern vier männliche: oder hergegen. Die letzten sechs Verse aber mögen sich zwar schränken wie sie wollen; doch ist am bräuchlichsten, daß der neunte und zehnte einen Reim machen, der elfte und vierzehnte auch einen und der zwölfte und dreizehnte wieder einen. Zum Exempel mag dieses sein, welches ich heute im Spazierengehen, durch gegebenen Anlaß, erdichtet:

Sonett.

Ihr Himmel, Luft und Wind, ihr Hügel voll von Schatten,
Ihr Hainen, ihr Gebüsch', und du, du edler Wein,
Ihr frischen Brunnen, ihr, so reich am Wasser sein,
Ihr Wüsten, die ihr stets mußt an der Sonnen braten,
  Ihr durch den weißen Tau bereisten schönen Saaten,
Ihr Höhlen voller Moos, ihr aufgeritzten Stein',
Ihr Felder, welche ziert der zarten Blumen Schein,
Ihr Felsen, wo die Reim' am besten mir geraten,
  Weil ich ja Flavien, das ich noch nie thun können,
Muß geben gute Nacht, und gleichwohl Mund und Sinnen
Sich fürchten allezeit, und weichen hinter sich,
  So bitt' ich Himmel, Luft, Wind, Hügel, Hainen, Wälder,
Wein, Brunnen, Wüstenei, Saat, Höhlen, Steine, Felder,
Und Felsen, sagt es ihr, sagt, sagt es ihr vor mich.

---

2 als, also, so. — 3 Von wannen her.

2. Morgenlied.

O Licht, geboren aus dem Lichte,
O Sonne der Gerechtigkeit,
Du schickst uns wieder zu Gesichte
Die angenehme Morgenzeit:
5 Drum will sich's gehören,
Dankbarlich zu ehren
Solche deine Gunst;
Gieb auch unsern Sinnen,
Daß sie sehen können
10 Deiner Liebe Brunst.

Laß deines Geistes Morgenröte
In unsern dunkeln Herzen sein,
Daß sie mit ihren Strahlen töte
Der eitlen Werke kalten Schein;
15 Siehe, HERR, wir wanken;
Thun und auch Gedanken
Gehn auf falscher Bahn:
Du wollst unserm Leben
Deine Sonne geben,
20 Daß es wandeln kann.

Verknüpfe mit des Friedens Bande
Der armen Kirche schwache Schar.
Nimm weg von unserm Vaterlande
Verfolgung, Trübsal und Gefahr:
25 Laß uns ruhig bleiben,
Unsern Lauf zu treiben
Diese kleine Zeit,
Bis du uns wirst bringen,
Wo man dir soll singen
30 Lob in Ewigkeit.

3. Das gute Ziel.

Wer Gott das Herze giebet,
So nie sich von ihm trennt,
Und eine Seele liebet,
Die keine Falschheit kennt,

Der mag ohn Sorgen wachen,
Mag schlafen, wie er will,
Weil seine rechten Sachen
Gehn auf ein gutes Ziel.

10 Laß böse Zungen sprechen,
Was ihnen nur gefällt,
Laß Neid und Eifer stechen,
Laß toben alle Welt,
So wird er dennoch machen,
Was sein Gemüte will,
15 Weil seine rechten Sachen
Gehn auf ein gutes Ziel.

Ich lege Neid und Hassen
Beständig unter mich,
Und stelle Thun und Lassen,
20 O Gott, allein auf dich!
Du wirst es alles machen,
Thun, was mein Herze will,
Weil seine rechten Sachen
Gehn auf ein gutes Ziel.

II.
Johannes Heermann.

Geb. 1585 zu Rauden im Fürstentum Liegnitz, studierte in Leipzig, Jena und Straßburg, wurde Pastor in Köben und starb zu Polnisch-Lissa 1647. Sein bekanntestes Lied ist „O Gott du frommer Gott."

1. Des Leidens Christi Ursach.
(In sapphischen Strophen. Gekürzt.)

Herzliebster Jesu, was hast du verbrochen,
Daß man ein solch scharf Urteil hat gesprochen?
Was ist die Schuld? In was für Missethaten
Bist du geraten?

5 Du wirst verspeit, geschlagen und verhöhnet,
Gegeißelt und mit Dornen scharf gekrönet,
Mit Essig, als man dich ans Kreuz gehenket,
Wirst du getränket.

Was ist die Ursach aller solcher Plagen?
Ach, meine Sünden haben dich geschlagen:
Ich, ach, Herr Jesu, habe dies verschuldet,
Was du erduldet.

Wie wunderbarlich ist doch diese Strafe?
Der gute Hirte leidet für die Schafe.
Die Schuld bezahlt der Herre, der Gerechte,
Für seine Knechte.

O große Lieb, o Lieb ohn alle Maße,
Die dich gebracht auf diese Marterstraße!
Ich lebte mit der Welt in Lust und Freuden
Und du mußt leiden.

Ich kanns mit meinen Sinnen nicht erreichen,
Mit was doch dein Erbarmen zu vergleichen:
Wie kann ich dir denn deine Liebesthaten
Im Werk erstatten?

Doch ist noch etwas, das dir angenehme,
Wenn ich des Fleisches Lüste dämpf und zähme,
Daß sie aufs neu mein Herze nicht entzünden
Mit alten Sünden.

Weil aber dies nicht steht in eignen Kräften,
Dem Kreuze die Begierden anzuheften,
So gieb mir deinen Geist, der mich regiere,
Zum Guten führe.

Alsdann so werd ich deine Huld betrachten,
Aus Lieb an dich die Welt für nichtes achten:
Ich werde mich bemühen, deinen Willen
Stets zu erfüllen.

Wann dort, Herr Jesu, wird für deinem Throne
Auf meinem Haupte stehn ein' Ehrenkrone,
Da will ich dir, wann alles wird wohl klingen,
Lob und Dank singen.

2. Ermahnung aus dem heiligen Augustino.

So wahr ich lebe, spricht dein Gott,
Mir ist nicht lieb des Sünders Tod,
Vielmehr ist dies mein Wunsch und Will,
Daß er von Sünden halte still,
5 Von seiner Bosheit kehre sich
Und lebe mit mir ewiglich.

Dies Wort bedenk, o Menschenkind,
Verzweifle nicht in deiner Sünd,
Hie findest du Trost, Heil und Gnad,
10 Die Gott dir zugesaget hat
Und zwar durch deinen teuren Eid,
O selig, dem die Sünd ist leid.

Doch hüte dich für Sicherheit,
Nicht denk, es ist noch gute Zeit,
15 Ich will erst fröhlich sein auf Erd,
Und wenn ich lebensmüde werd,
Alsdann will ich bekehren mich,
Gott wird wohl mein erbarmen sich.

Wahr ist's, Gott ist zwar stets bereit
20 Dem Sünder mit Barmherzigkeit:
Doch wer auf Gnade sündigt hin,
Fährt fort in seinem bösen Sinn
Und seiner Seelen selbst nicht schont,
Dem wird mit Ungnad abgelohnt.

25 Gnad hat dir zugesaget Gott
Von wegen Christi Blut und Tod,
Doch sagen hat er nicht gewollt,
Ob du bis morgen leben sollt,
Daß du mußt sterben, ist dir kund,
30 Verborgen ist des Todes Stund.

Heut lebst du, heut bekehre dich,
Eh morgen kommt, kanns ändern sich:
Wer heut ist frisch, gesund und rot,
Ist morgen krank, ja wohl gar tot.
35 So du nun stirbest ohne Buß,
Dein Leib und Seel dort brennen muß.

Hilf, o Herr Jesu, hilf du mir,
Daß ich itzt komme bald zu dir
Und Buße thu den Augenblick,
10 Eh mich der schnelle Tod hinrück,
Auf daß ich heut und jederzeit
Zu meiner Heimfahrt sei bereit.

III.
Andreas Gryphius.

(Geb. zu Glogau 11. Oktober 1616 (Todesjahr Shakespeares), besuchte die Schulen in Fraustadt, Görlitz und Glogau, eignete sich in dem Völlergemisch des dreißigjährigen Krieges eine vielseitige sprachliche Bildung an, studierte in Leyden und wurde, durch mannigfaches Mißgeschick auch innerlich vertieft, 1650 Syndikus bei den Ständen des Fürstentums Glogau. Er starb 1664 in einer Sitzung der Stände auf dem Ständehause zu Glogau. Seine lyrischen Dichtungen, unter denen seine Sonette hervorragen, bringen eigne wahre Empfindungen zum Ausdruck. Seine dramatischen Arbeiten, von Shakespeare beeinflußt, überragen die seiner Zeitgenossen bedeutend. Die besten und wirksamsten sind die beiden Lustspiele Peter Squenz und Horribilicribrifax, von denen ersteres in unmittelbarer Beziehung zu Shakespeares Sommernachtstraum steht, während das letztere als Zeitbild dauernden Werth hat.

1. Vanitas, vanitatum vanitas.

Die Herrlichkeit der Erden
Muß Rauch und Asche werden,
Nicht Fels, nicht Erz bestehn.
Das, was uns kann ergötzen,
5 Was wir für ewig schätzen,
Wird als ein leichter Traum vergehn.

Der Ruhm, nach dem wir trachten,
Den wir unsterblich achten,
Ist nur ein falscher Wahn;
10 Sobald der Geist gewichen
Und dieser Mund erblichen,
Fragt keiner, was wir hier gethan.

Es hilft nicht Kunst noch Wissen,
Wir werden hingerissen
15 Ohn einen Unterscheid.

Was nützt der Schlösser Menge?
Dem hier die Welt zu enge,
Dem wird ein enges Grab zu weit.
   Dies alles wird zerrinnen,
20 Was Müh und Fleiß gewinnen
Und saurer Schweiß erwirbt;
Was Menschen hier besitzen,
Kann für den Tod nicht nützen:
Dies alles stirbt uns, wenn man stirbt.
25   Wie eine Rose blühet,
Wenn man die Sonne siehet
Begrüßen diese Welt,
Die, eh der Tag sich neiget,
Eh sich der Abend zeiget,
30 Verwelkt und unversehns zerfällt:
   So wachsen wir auf Erden
Und hoffen groß zu werden,
Von Schmerz und Sorgen frei;
Doch eh wir zugenommen
35 Und recht zur Blüte kommen,
Bricht uns des Todes Sturm entzwei.
   Wir rechnen Jahr auf Jahre;
Indessen wird die Bahre
Uns vor die Thür gebracht.
40 Drauf müssen wir von hinnen
Und, eh wir uns besinnen,
Der Erde sagen gute Nacht.
   Auf, Herz, wach und bedenke,
Daß dieser Zeit Geschenke
45 Den Augenblick nur dein;
Was du zuvor genossen,
Ist wie ein Strom verflossen;
Was künftig, wessen wird es sein?
   Verlache Welt und Ehre,
50 Furcht, Hoffen, Gunst und Lehre
Und nimm den Herren an,
Der immer König bleibet,
Den keine Zeit vertreibet,
Der einzig selig machen kann.

15 Wohl dem, der auf ihn trauet!
Er hat recht fest gebauet,
Und ob er hier gleich fällt,
Wird er doch dort bestehen
Und nimmermehr vergehen,
20 Weil ihn der Starke selbst erhält.

2. Horribilicribrifax.

Scherzspiel
von
Andreas Gryphius.

Zu diesem Scherzspiel werden eingeführet
als Redende:

Palladius.
Florian. Ein kleiner Ihm aufwartender Edelknabe.
Bonorus.
Cleander.
Dionysius. Sein Diener.
Selene. Eine hochmütige, doch arme, Adeliche Jungfrau.
Antonia. Mutter der Selene.
Sophia. Eine keusche, doch arme, Adeliche Jungfrau.
Flaccilla. Mutter der Sophia.
Coelestina.
Camilla, Ihre Cammer Jungfer.
Eudoxia.
Don Daradiridatumtarides } Zwei weiland reformirete
Don Horribilicribrifax   } (entlassene) Hauptleute.
Don Cacciadiavolo } Diener des Daradiridat.
Don Diego   }
Harpax. Page des Horribilicribrifax.
Sempronius. Ein alter verdorbener Dorf-Schulmeister von großer
                                                Einbildung.
Isaschar. Ein Jude.
Cyrilla. Eine alte Kuplerin.

Als Schweigende:
Die Frauenzimmer Coelestinae und Eudoxiae.
Die Pagen Coelestinae.
Die Diener Palladii, Bonori, Cleandri.

Der Erste Aufzug.

Capitain Daradiridatumtarides, Windbrecher von Tausend Mord. Don Cacerad avolo. Don Diego, seine Diener.

Darad. Don Diego, rücket uns den Mantel zurechte, Don Cacciadiavolo, ich halte, daß das östliche Teil des Bartes mit der West=Seiten nicht allzuwohl übereinkomme.

Don Cace. Großmächtigster Herr Capiten, es ist kein Wunder! Die Haare der linken Seiten sind etwas versenget von den Blitzen seiner feuerschießenden Augen.

Darad. Blitz, Schwefel, Donner, Salpeter, Blei und etliche viel Millionen Tonnen Pulver sind nicht so mächtig, als die wenigste reflexion, die ich mir über die reverberation meines Unglücks mache. Der große Chach Sesi von Persien erzittert, wenn ich auf die Erden trete. Der türkische Kaiser hat mir etliche mal durch Gesandten eine Offerte von seiner Kron gethan. Der weitberühmte Mogul schätzt seine retrenchemente nicht sicher für mir. Africa habe ich vorlängst meinen Cameraden zur Beute gegeben. Die Prinzen in Europa, die etwas mehr courtese, halten Freundschaft mit mir, mehr aus Furcht, als wahrer affection. Und der kleine verleckerte Bernhäuter, der Rapp=schnabel, Ce bougre, Ce larron, Ce menteur, Ce traistre, Ce faquin, Ce brutal, Ce bourreau, Ce Cupido, darf sich unter=stehen seine Schuh an meinen Lorbeerkränzen abzuwischen. Ha Ma Deesse! mervelle de monde, adorable beauté! Unüber=windliche Schöne! unvergleichliche Selene! wie lange wollt ihr mich in der Courtegarde eurer Ungunst verarrestiret halten?

Don Diego. Signor mio illustrissimo! Mich wundert nicht wenig, daß ihr das Bollwerk von Selene noch nicht habt miniren können. Die Damosellen dieses Landes erschrecken, wenn sie euch von Spießen, Schlachten, Köpf abhauen, Städte anzünden und dergleichen discuriren hören. Mich dünkt, Palla-dius richte mit seiner anmutigen Courtesi weit mehr aus, als wir mit allen unsern Rodomontaden.

Darad. Palladius? Wenn er mir itzund begegnete, wollte ich ihn bei der äußersten Zehe seines linken Fußes ergreifen,

---

9 reverb. Zurückprallen, Hin= und Herwerfen. — 10 Ein grau samer Herrscher aus der Dynastie Sofy 1628—1642. — 13 retrench. Verschanzung, chinesische Mauer? — 18 traitre. — 19 faquin Schurke. — 23 Courteg. Gefängnis. — 30 Prahlerei, von Rodomonte einem Prahler in Ariosts Rasendem Roland.

dreimal um den Hut schleudern, und darnach in die Höhe werfen, daß er mit der Nasen an dem großen Hundsstern sollte kleben bleiben.

Don Cace. Es were zu viel, daß er von solchen ritter-mäßigen Handen sterben sollte. Wenn er uns gleich itzund in der furie begegnete, wollte ich ihm bloß in das Gesicht speien, er wurde zweifelsohne bald in Asch und Staub verkehret werden.

Darad. Behüte mich der große Vitzliputzli, was ist das? Dort *es erscheinet von Ferne eine Katze* sehe ich zwei brennende Fackeln uns entgegenkommen?

Don Cace. Holla! ins Gewehr! ins Gewehr! Die Nacht ist niemands Freund.

Darad. Ei laßt uns weichen! wir sind außer unserm Vor-teil und möchten verräterlich überfallen werden. Ich will nicht von mir sagen lassen, daß ich mich der Finsternis zu meiner Victorie gemißbrauchet.

Don Cace. Bei der Seel des General Wallensteins, sie blasen zu Sturm.

Don Diego. Ei laßt uns stehen bleiben! sehet ihr nicht? es ist eine Katze, die also mit den Augen funkelt.

Don Cace. Es mag der Beelzebub wohl selber sein.

Darad. Ho! ich bin vor ihm unerschrocken. Der ganze Leib zittert mir vom Zorn wie eine Gallart. Ich werde ganz zu lauter Herze und kenne mich schier selber nicht, ich schwitze vor Begierde zu fechten. Voici le bras qui rompt le cours des destins de tous.

Don Diego. Des sous! und fähret vor Furcht aus den Hosen.

Darad. Was sagt Don Diego?

Don Diego. Ich sage, ihm reißen vor Ungedult zu warten die Hosen entzwei.

Darad. *reißt den Degen aus* Sa! sa! heran, heran, du seiest auch wer du seist! je brave la main des Parques, ich habe

5 Vitzliputzli, der mexikanische Gott. — 16 sich mißbrauchen eines Dinges, ebenso sich gebrauchen eines Dinges noch im 18. Jahrh. — 23 Gallart aus spätmhd. *galrêde*, *galhart*. Fem und Neutr. — 26 Hier ist der Arm, welcher den Schicksalslauf aller bricht. — 27 sous Der Tollen. — 33 Ich trotze der Hand der Parzen.

wohl eher alleine dreißig mal hundert tausend millionen Geister bestanden.

Don Diego. Minder eine halbe.

Don Caec. Wohl was geraß ist dieses? Der Nachtwache.
beginnt zu singen: Ihr lieben Leute laßt euch sagen, u. dgl.

Darad. Bei meinen adelichen Ehren, ich halte doch, es gehen Gespenster um. Was ists von nöten, daß wir die Zeit so früh auf der Gassen zubringen? Herein, herein ins Gemach. Wer Unglück suchet, der verdirbet darinnen.

Antonia und Selena treten auf.

Selene, die hochmütige und eitle, arme und doch geldgierige Jungfrau, hat sich durch die Prahlereien des Darad. gefangen nehmen lassen und erklärt trotz der Warnungen ihrer Mutter, des Darad. Werbung annehmen zu wollen.

Flaccilla und Sophia treten auf.

Um der äußersten Not und Bedrängnis zu entgehen, ermahnt Flaccilla ihre Tochter, einen reichen Mann an sich zu ziehen, diese aber will lieber sterben, als ihrer Ehre etwas vergeben. Um wenigstens etwas Geld zu erlangen, beschließt sie, ihr prachtvolles Haar abzuschneiden und zu verkaufen.

Sempronius.

Ἀιὼν πάντα φέρει, Sed omnia vincit Amor, Omnia. il est, homines et omnia pecora campi, et nos cedamus Amori. saget das Wunder der Lateinischen Poeten Virgilius. Wer sollte geglaubet haben, daß ich, der ich ein Wunder bin inter eruditos hujus seculi, und nunmehr meine fünfundsechzig Jahr cum summa reputatione erreichet, mich aufs neue sollte per faces atque arcus Cupidinis haben überwinden lassen? Ach Coelestina! ach Coelestina! tu mihi spes voti, tu mihi summus Amor, wenn ich deine rosenliebliche Wangen betrachte, werde ich verjünget, als ein ander Phoenix. Aber quid haec suspiria solus montibus et silvis? Virgilius Ecloga 2. Warum greif ich nicht zu Mitteln, und versuche, was zu erhalten. Hasce amoris mei interpretes Epistolas, Cicero ad Atticum, habe ich

---

4 geraß, Geräsel, betäubender Lärm. — 22 Verg. Ecl. 10, 69. — 31 Verg. Ecl. 2, 4.

heute fruh (Aurora Musis amica) mit höchstem Iudicio et ingenio zusammengesetzet, und wart nur auf Gelegenheit, ihr selbige durch ein bequemes subject, welches sie kenne, zu überantworten. Hier in der Nahe wohnet eine bequeme Frau, die alte Cyrille, die sich gar gerne zu solchen Legationen gebrauchen läßt, et nisi me fallit animus, so ist dieses ihr Haus. Sed eccum, illa ipsa prodit, laßt uns hören in hoc angulo, was vor excursus sie vorbringen wird.

Die alte Cyrille. Sempronius.

Es entspinnt sich ein Gespräch, in welchem Cyrille die lateinischen Brocken des Sempronius sich in hausbäckliche deutsche Worte verdreht z. B.

Sempron. Ego appellor Sempronius.

Cyrille. Ob ich Semmeln und Honig ha? Ne, Herr Grigories, ich verkaufe nicht mehr Obst und Näscherei.

Sempron. Ich sage euch nicht von Semmeln und Honig, sondern wünsche euch einen guten Morgen.

Cyrille. Dem wird der Engel Uriel nehmen sein Horn, und blasen drein Tit titu.

Sempron. Was murmelt ihr?

Cyrille. Ich bete ein tröstlich Gebet vors Feber und böse Wetter.

Sempron. Seponamus ista.

Cyrille. Ob ich Seife haben müßte? Ja freilich, lieber Herr Procreeriis. Die Wäsche kost viel Geld, man muß vor ein Muderhemdlin einen guten Groschen geben.

u. s. w.

Sempronius übergiebt ihr endlich einen Brief zur Besorgung an Coelestina.

Die andere Abhandelung.

H rub'hcrii rifax Tonnerteil. Harpax h ht Fare.

Was? daß der Kaiser Friede gemacht habe sonder mich um Rat zu fragen? Oh guarda! novella de spiritare il mondo.

25 Muderhemdlin, Wiederhemd, Vorstedlatz. — 31 sonder - ohne. 32 Nimm dich in Acht, das ist eine Nachricht die Welt aufzuregen.

Harp. So sagen sie, daß der Kaiser Frieden gemacht habe mit dem König in Schwaben. — Horrib. Mit dem König in Schweden willst du sagen? — Harp. In Schweden oder Schwaben, es ist mir eins. — Horrib. Friede zu machen sonder mich? à questo modo si! hat er nicht alle seine Victorien mir zu danken? habe ich nicht Ursach, daß die Schlacht vor Nördlingen erhalten? habe ich nicht den Sachsen sein Land eingenommen? habe ich nicht in Dänemark solche reputation eingelegt? was wär es auf dem Weißen Berge gewesen, sonder mich? E che fama non m'acquistai, quando contesi col Gran Turca? Pfui! tritt mir aus den Augen, denn ich erzürne mich zu Tode, wo ich mich recht erbittere, Vinto dal ira calda e bollente e dallo sdegno arrabiato, so erwische ich den Stephans=Turm zu Wien bei der Spitzen, und drück ihn so hart darnieder, si forte in terra, daß sich die ganze Welt mit demselben umkehret, als ein Kegel=Kaul.

Harp. Ei, Signor mio, wo wollten wir denn stehen bleiben?

Horrib. Non temere. Als wenn sich jemand kümmern dürfte, der bei mir stehet! laß mich darvor sorgen! aber, siehe da, meine Sonne! mein Leben! meine Göttin erscheinet. Signora mia, bella di corpo, bellissima d'animo!

Coelestina und Camilla treten auf im Gespräch.

Coelestina beklagt ihre unglückliche, unerwiderte Liebe zu Palladius.

Horribilier. tritt auf sie zu:

Nobilissima Dea, Cortesissima Nimfa. Occhio del mondo. Durchleuchtigste unter allen Schönen; berühmteste unter den Fürtrefflichsten, übernatürlichste an Vollkommenheit, unüberwindlichste an Tugenden, euer unterthänigster leibeigner Sklav, der durch die Welt berühmte Capitain Horribilicribrifax von Donnerkeil, Herr auf Blitzen und Erbsaß auf Carthaunen Knall, praesentiret, nebenst Verwünschung unsterblicher Glückseligkeit, seiner Kaiserin

---

5 auf diese Weise! — 7 1634 Sieg der Kaiserlichen über die Schweden. — erhalten = behalten, gewonnen worden ist. — 10. 11 Und welchen Ruhm erwarb ich mir, als ich stritt mit den Großtürken. — 13 Besiegt von heißem, kochendem Zorn und von rasendem Unwillen. — 16 Kaul, Kugel. — 19 Keine Furcht! — 26 occhio, Auge der Welt.

bei angehendem Morgen seine zwar wenige, doch jederzeit bereit-
willigste Dienste.

    Coelestina und Camilla verhalten sich spöttisch abweisend.

    Horrib. Fermate vi in cortesia et ascoltate mi per
5 vostro bene, Anima mia. Meine himmlische! will sie ein Prob-
stück meiner Stärk sehen, sie sage nur ein Wort, ich will eine
größere That verrichten, als die Victorie vor Lepanto auf der
See gewesen.

    Coelest. Hat sich mein Herr Capitain auch bei selben
10 so berühmten Treffen befunden?

    Horrib. Ich war damals des Don Giovanne Austria
Luogotenente.

    Coelest. So muß mein Herr eines ziemlichen Alters sein,
weil dieselbe Victori noch vor unser Großväter Zeiten erhalten ist?

15   Horrib. Ei es ist so lange nicht, ich bin noch Assai
giovane e Galanthuomo gagliardo, robusto e di buona natura,
um sie, meinen Engel, zu bedienen!

    Coelest. Mein Herr Capitain, Ich bin so großer Ehren
nicht würdig.

20   Horrib. Meine Prinzessin, unico specchio di bellezza,
Regina degli astri, miraculo dei cieli, et honor della natura,
will sie Kaiserin von Trapezont, Königin von Mohrenland, Fürstin
von Egypten . . .

    Camilla. Kurfürstin von neu Zembla, und Gräfin von
25 Nirgendsheim . . .

    Horrib. Anzi Herzogin über Persen genennet werden?
sie gebiete! All diese Kronen sollen inner einen Monat, drei
Tagen und zwei Stunden, und vielleicht in questo giorno, zu
ihren Füßen liegen.

30   Coelest. Mich wundert, Herr Capitain, daß er nicht
selbst für sich etliche aus gedachten Königreichen in Besitz genommen.

---

4. 5 Bleibt stehen in Geneigtheit und hört mich an bei eurem Glück,
meine Seele. — 7 1571 besiegte Don Juan d'Austria die Türken bei
Lepanto. — 12 Leutnant, locum tenens. — 16 ziemlich jung, ein
wackerer Edelmann, stark und gesund. — 20. 21 Einziger Schönheits-
spiegel, Königin der Sterne, Wunder des Himmels, Stolz der Natur. —
24 Nowoja Semlia. — 26 Anzi, auch. — 28 an diesem Tage.

Horrib. Ha! l'Honore e l'Avarita non possono star insieme!¹ Ich bin allein vergnügt mit meinem Glück und Degen, als mit welchem ich alles kann zuwege bringen.

Nachdem es Coelestina endlich gelungen, sich zu verabschieden,

Horrib. Adio dann, wenn es ja nicht anders sein kann, mein Engel, Adio meine Göttin, Adio mein Aufenthalt,⁶ Adio mio bene, adio mia gloria, adio donna Celeste! adio!

Palladius kommt.

Coelestinens Befürchtung, daß sie auf seine Liebe nicht hoffen könne, bestätigt sich.

Die alte Cyrille

versucht des Sempronius Botschaft auszurichten, wird aber, übel zugerichtet, aus dem Hause gejagt. Der Brief aber lautete folgendermaßen:

„Dem himmlischen auf der Erden scheinenden Nordstern meiner Sinnen, dem großen Bären meines Verstandes, der einzigen subtilität und höchstem Enti meiner Metaphysica,¹⁶ der würdigsten Natur in der ganzen Physica, dem höchsten Gut aller Ethicorum, der Beredsamsten Phoebussin dieser Welt, der zehenden Musae, anderen Venerie, vierten Chariti und letzten Parcae meines Verhängnisses, dem hochedeln wohlgebornen Fräulein Coelestine, meiner glorwürdigsten Gebieterin, ad proprias."

„Si vales, bene est, ego autem valeo, sagt Cicero. Ich hergegen, O ihr einiger Schleifstein meines Verstandes: Si vales bene est: ego autem non valeo, das ist, ich aegrotire, melancholisire, decumbire, languire in dem Hospital der Liebe, in welches mich eure grausame Schönheit einjuriret, und wie ein Kranker sich nach nichts sehnet, als nach seinem Arzt. Ita ego vehementer opto nur einen Anblick eurer Clementz, welchen ihr doch Hunden und Katzen nicht mißzugönnen pfleget. Widrigen Falls gehet der Schneider schon zu Werke, meiner Hoffnung, die nichts hat, als Pein und Knochen, ein Trauerkleid zu machen; welches Charon wird nach den Campis Elysiis abgehen lassen,

---

¹ Ehre und Habgier können nicht zusammen wohnen. — 6 Aufenthalt, Trost, Freude. — 16 Enti = Ens das Seiende, mittelalterliche Bildung.

mich von hier dahin zu begeben, ubi veteri respondet amore
Sichaeus. Dieses, wo euch möglich, verhütet und seid gegrüßet
von Dem, der die Erde lässet, auf welcher das Gras
gewachsen, welches der Ochse aufgessen, aus
dessen Leder eure Schuh-Sohlen geschnitten
Titus Sempronius, Caji. Filius,
Cornelii Nepos. Sexti Al nepos.

Die darauf folgende Unterredung zwischen Cyrille und Sempronius
bewegt sich lediglich in den possenhaften Mißverständnissen der lateinischen
Brocken.

Unterdessen hat sich Selene dem Capitain Daradirid. versprochen:
er schenkt ihr seine prächtige, anscheinend schwer goldne und mit Edel
steinen verzierte Halskette, die ihm Pappenheim eigenhändig auf Magde
burgs Mauern umgehängt habe, und sie hat ihm einen Demant, den
letzten Familienbesitz, verehrt.

Im dritten bis fünften Aufzuge

lösen sich die angebahnten Verwickelungen in folgender Weise: Palladius
erkennt schließlich den Wert Coelestinens; Cleander, der Minister des
Fürsten, wird dadurch, daß ihm Sophias Haar von deren Mutter zum
Verkauf angeboten wird, auf erstere aufmerksam und findet in ihr dieselbe,
deren Schönheit er vor kurzem bewundert hatte, und deren züchtiges
Wesen ihm aufgefallen war. Nach einer scheinbaren gewaltsamen Ent-
führung, welche eine Probe ihres Charakters sein sollte, erhebt er sie
unter den höchsten Ehrenbezeugungen zu seiner Gemahlin. Selene, welche
durch einen Juden die Wertlosigkeit ihres Geschenkes erfahren hat, wird
gedemütigt. Sie will sich durch Hornbillier. an Darad. rächen, welcher
sich übrigens aus dem Staube machen möchte, nachdem er sich hat über-
zeugen müssen, daß Selene so arm ist wie er selber. Hornbillier. stellt
sich Selene ganz zur Verfügung und wünscht von ihr nur die Bestim-
mung der Todesart, welche Darad. erleiden solle. Darauf spielt sich
folgende Scene zwischen den beiden ab:

Horrib. Und wenn du mir bis in den Himmel ent-
wichest und schon auf dem linken Fuß des großen Bären
saßest, so wollte ich dich doch mit dem rechten Spornleder er-
wischen und mit zweien Fingern in den Berg Aetna werfen.

1. 2 Verg. Aen. 4, 473.

Darad. Garde vous Follastreau! meinest du, daß ich vor dir gewichen? und wenn du des großen Carols Bruder, der große Roland selbst, und mehr Thaten verrichtet hättest, als Scanderbeck, ja in die Haut von Tamerlames gekrochen wärest, solltest du mir doch keine Furcht einjagen.

Horrib. Ich? ich will dir keine Furcht einjagen, sondern dich in zwei und siebenzigmal hundert tausend Stücke zersplittern, daß du in einer See von deinem eignen Blut ersticken sollest. Io ho vinto l'inferno e tutti i Diavoli.

Darad. Ich will mehr Stücker von dir hauen, als Sternen ietzund an dem Himmel stehen, und will dich also traktieren, daß das Blut von dir fließen soll, bis die oberste Spitze des Kirchturmes darinnen versunken.

Horrib. Per non lasciar piu oltre passar questa superba Arroganza. will ich die ganze Belägerung von Troja mit dir spielen.

Darad. Und ich die Zerstörung von Constantinopel.

Horrib. Io spiro morte e furore. doch lasse ich dir noch so viel Zeit, befiehle deine Seele Gott, und bete ein Vater unser!

Darad. Sprich einen englischen Gruß und hiermit stirb.

. . . . .

Horrib. So hab ich mein Schwert ausgezogen in der Schlacht vor Lützen.

Darad. Morbieu, me voila en colere! mort de ma vie! je suis faché par ma foi. So habe ich zur Wehre gegriffen in dem Treffen vor Nerglingen.

Horrib. Eine solche positur machte ich in der letzten Niederlage vor Leipzig.

Darad. So lief ich in dem Wall=Graben, als man Glogau hat einbekommen.

—

1 Foll., Wagehals. — 4 Tamerl., ein Mongolenfürst. — 9 Ich habe die Hölle und alle Teufel besiegt. — 15 Um diese stolze Anmaßung nicht weiter gehen zu lassen. — 18 Ich atme Tod und Verderben. — 21 engl. Gr. Ave Maria. — 24 Vgl. zum folgenden Shakespeares Falstaff, Heinr. IV. 2, 4: „So lag ich und so führt' ich meine Klinge." — 27 Nördlingen. — 31 am 4. Mai 1642 durch Torstenson.

Horrib. Ha! Ha! Ist er nicht questo capitano, mit dem ich Kugeln wechselte bei der Gula?

Darad. O! ist er nicht derjenige Signeur, mit dem ich Brüderschaft machte zu Schlichtigheim?

Horrib. Ha mon signeur, mon Frere!

Darad. Ha fradello mio illustrissimo!

Horrib. Behüte Gott, welch ein Unglück hätte bald geschehen sollen!

Darad. Welch ein Blutvergießen! massacre et strage, wenn wir einander nicht erkennet hätten!

Horrib. Magnifici et cortesi Heroi können leicht unwissend zusammen geraten.

Darad. Les beaux Esprits lernen einander durch dergleichen rencontre erkennen.

Dionysius. Daradiridatumdarides. Horribilicribrifax.

Dionysius. Welche Bärenhäuter rasen hier für unsern Thüren? wisset ihr Holunken nicht, daß man des Herrn Statthalters Palast anders zu respectiren pfleget? Trollet euch von hier, oder ich lege euch beiden einen frischen Prügel um die Ohren.

Horrib. Io rimango petrificato dalla meraviglia. Soll Capitain Horribilicribrifax dies leiden?

Darad. Soll Capitain von Donnerkeil sich also despectiren lassen?

Horrib. Io mi levo il pugnale dal lato, der Herr Bruder leide es nicht!

Darad. Me voila, der Herr Bruder greife zu der Wehre, ich folge.

Horrib. Comminciate di gratia. Ich lasse dem Herrn Bruder die Ehre des ersten Angriffs.

Darad. Mein Herr Bruder, ich verdiene die Ehre nicht, er gehe voran. C'est trop discourir: Commencez.

---

2 Gula. Schlacht Torstensons gegen Albrecht von Lauenburg 1612 bei Schweidnitz. — 4 Schlichtigheim zwischen Glogau und Fraustadt. — 20 Ich bleibe versteinert vor Staunen. — 24 Ich ziehe meinen Dolch von der Seite.

Horrib. Ei der Herr Bruder fahre fort, er lasse sich nicht aufhalten. La necessita vuole.

Dionys. Heran, ihr Erzbärenhäuter, ich will euch die Haut sonder Seifen und Balsam einschmieren.

Horrib. Ha! Patrone mio, qusta supercheria è molto ingiusta.

Darad. O monsieur bei dem Element, er siehet mich vor einen Unrechten an.

Horrib. Ei signore mio gratioso: ich bin signor Horribilicribrifax.

Dionys. *nimmt beiden die Degen und schlägt sie darmit um die Köpfe.* Aufschneider, Lügner, Bärenhäuter, Bengel, Baurenschinder, Erznarren, Cujonen!

Darad. Ei, ei monsieur, basta questo per istesso, es ist genug, der Kopf blutet mir.

Horrib. Ei, ei signor, ich wußte nicht, daß der Statthalter hier wohnet.

Dionys. Packet euch, oder ich will euch also zurichten, daß man euch mit Mistwagen soll von dem Platze führen.

Das Ganze schließt mit der feierlichen, öffentlichen Verlobung Cleanders mit Sophia. Vorher aber hat es auch Cyrille dahin gebracht, daß sich Sempronius mit ihr verloben muß, und so erhält der ernste wie der komische Teil des Scherzipiels den passenden Schluß.

---

5 Ha, mein Herr! diese Beschimpfung ist sehr ungerecht. — 14 Das ist genug für diesen.

Bei dieser letzten Scene scheint dem Dichter der Anfang von Shakespeares Romeo und Julia vorgeschwebt zu haben.

IV.
Friedrich von Logau.

1604 zu Brockut in Schlesien geboren, besuchte das Gymnasium zu Brieg, wurde Rat des Herzogs von Liegnitz-Brieg und starb zu Liegnitz 1655 oder 1656. Er schrieb unter dem Pseudonym Salomo von Golaw. Von den Zeitgenossen wenig beachtet, wurde seine Sinngedichte erst von Lessing und Ramler gebührend gewürdigt.

1. Vergnüglichkeit.

Seines Lebens und der Welt kann am besten der genießen,
Der das Große dieser Welt ihm¹ begehret nicht zu wissen.

2. Redlichkeit.

Schlecht und recht, wo sind ich dich? Unter keinem hohen Giebel,
Manchmal unter Leim und Stroh, zum gewißten in der Bibel.

3. Der sondere Stand.

Wer ruhig sitzen will, der sitze nicht beim Giebel;
Wo Schwindel folgt und Fall, daselbsten sitzt sich's übel.

4. Das Hausleben.

Ist Glücke wo und was, so halt ich mir für Glücke,
Wann ich mein eigen bin, daß ich kein dienstbar Ohr
Um weg verkaufte Pflicht darf recken hoch empor
Und horchen auf Befehl. Daß mich der Neid berücke,
5 Da bin ich sorgenlos. Die schmale Stürzebrücke,²
Darauf nach Gunst man zeucht, die bringt mir nicht Gefahr:
Ich stehe, wo ich steh und bleibe, wo ich war.
Der Ehre scheinlich³ Gift, des Hofes Meisterstücke,
Was gehen die mich an? Gut, daß mir das Vergnügen
10 Für⁴ große Würde gilt; mir ist ja noch so wohl,
Als dem der Wanst zerschwillt, dieweil er Hoffart voll.
Wer biegen sich nicht kann, bleibt, wann er fället, liegen,
Nach Purpur tracht' ich nicht: ich nehme weit dafür,
Wann Gott ich leben kann, dem Nächsten und auch mir.

1) ihm   für sich. — 2) Fallbrücke. — 3) glanzend, schimmernd.
4) mehr als.

5. Gegenwärtiges.

Wiewohl mirs lieber wär, es ginge mehr mir wohl,
Doch liebt mir, was Gott gab; wer weiß, was mehr mir soll?

6. Traurigkeit.

Der empfindet nimmer, daß ihm was gebricht,
Der um das, was mangelt, nimmer trauret nicht.

7. Geld.

Wozu ist Geld doch gut?
Wers nicht hat, hat nicht Mut;
Wers hat, hat Sorglichkeit;
Wers hat gehabt, hat Leid.

8. Erbschaften.

Wenn Eltern Kinder wohl erziehn und ihnen gute Namen lassen,
So ists genug, so ist es mehr, als Geld und Gold in Kasten fassen.

9. Regieren.

Der kann andre nicht regieren,
Der sich selbst nicht recht kann führen.

10. Wein-Freundschaft.

Die Freundschaft, die der Wein gemacht,
Wirkt, wie der Wein, nur eine Nacht.

11. Freunde.

Freunde pflegt man zu erwählen
Nur nach wägen, nicht nach zählen.

12. Eingeborne.

Wer alte Väter sucht und sucht sie alle gar,
Der kommt zuletzt auf den, der anfangs Erde war.
Wer Gott zum Vater hat, der bleibet wohl geadelt;
Denn keiner hat den Stamm von Ewigkeit getadelt.

13. Abel.

Hoher Stamm und alte Väter
Machen wohl ein groß Geschrei.
Moses aber ist Verräter,
Daß dein Ursprung Erde sei.

14. Abel.

Die Tugend alleine giebt tüchtigen Adel;
Das Wassen Gemäld[1]
An Helm und Feld
Bedecket vergebens den inneren Tadel.
Die Wiege des Cyrus wie Irus[2] ist Thon.
Ein leeres Geklänge,
Ein gläsern Gepränge
Sind Ahnen, wo Tugend ist ferne davon.

15. Die tapfere Wahrheit.

Ein tapfrer Heldenmuth ist besser nicht zu kennen,
Als wann er sich nicht scheut, schwarz schwarz, weiß weiß
zu nennen,
Der keinen Umschweif braucht, der keinen Mantel nimmt,
Der allem gegen geht, was wider Wahrheit kommt.

16. Hoffnung und Geduld.

Hoffnung ist ein fester Stab
Und Geduld ein Reisekleid,
Da man mit durch Welt und Grab
Wandert in die Ewigkeit.

---

1) Wappenbild. — 2) Der Bettler bei Homer.

17. Geduld.

Leichter träget, was er träget,
Wer Geduld zur Bürde leget.

18. Vermessenheit.

Zum Werke von dem Wort
Ist oft ein weiter Ort.

19. Sparsamkeit.

Wenn die Jugend eigen wüßte,
Was das Alter haben müßte,
Sparte sie die meisten Lüste.

---

20. Die beste Arznei.

Freude, Mäßigkeit und Ruh
Schleußt dem Arzt die Thüre zu.

---

21. Die Sünden.

Menschlich ist es, Sünde treiben;
Teuflisch ists, in Sünden bleiben;
Christlich ist es, Sünde hassen;
Göttlich ist es, Sünd' erlassen.

---

22. Das Beste in der Welt.

Das Beste, das ein Mensch in dieser Welt erlebet,
Ist, daß er endlich stirbt, und daß man ihn begräbet,
Die Welt sei, wie sie will; sie hab auch, was sie will,
Wär sterben nicht dabei, so gilt sie nicht viel.

---

23. Unbeständige Arbeit.

Wer nimmer nichts verbringt und dennoch viel fängt an,
Wird in Gedanken reich, im Werk ein armer Mann.

24. Selbsterkenntnis.

Willst du fremde Fehler zählen, heb an deinen an zu zählen.
Ist mir recht, dir wird die Weile zu den fremden Fehlern fehlen.

25. Die Herzens-Kirche.

Man kann zwar alle Kirchen schließen,
Doch nicht die Kirchen im Gewissen.

26. Göttliche Verordnung.

Wer die Uhr gleich nicht versteht,
Merket dennoch, wie sie geht:
Gottes Rat, den wir nicht kennen,
Müssen dennoch gut wir nennen.

27. Alles auf Gott.

Mir nicht, wann ich bin geboren, bin ich, sondern meinem Gott,
Mir nicht, wann ich wieder sterbe, sterb' ich, sondern meinem Gott,
Mir nicht, wann ich etwas habe, hab' ich, sondern meinem Gott,
Mir nicht, wann ich etwas werde, werd ich, sondern meinem Gott.

28. Die Liebe Gottes und der Welt.

Wer ins Herze Gott will fassen,
Muß die Welt heraußen lassen;
Gott muß der heraußen lassen,
Wer ins Herze Welt will fassen.

29. Ein Glaube und kein Glaube.

Deutschland soll von dreien Glauben nunmehr nur behalten einen;
Christus meint, wann er wird kommen, dürft er alsdann finden keinen.

30. Glauben.

Lutrisch, Päpstisch und Calvinisch — diese Glauben alle drei
Sind vorhanden; doch ist Zweifel, wo das Christentum dann sei.

31. Religion.

Was geht es Menschen an, was mein Gewissen gläubet?
Wann sonst nur christlich Ding mein Lauf mit ihnen treibet.
Gott gläub' ich, was ich gläub', ich gläub' es Menschen nicht;
Was richtet dann der Mensch, was Gott alleine richt?

32. Heuchler.

Kirchengehen, Predigthören,
Singen, beten, andre lehren,
Seufzen und gen Himmel schauen,
Nichts als nur vom Gottvertrauen
5 Und vom Glauben und vom Lieben
Und von andrem Gutsverüben
Reden führen; ich will meinen,
Die es thun, Gott, sind die Deinen.

O noch lange nicht! Im Rücken
10 Schmutzen[1] und von vornen schmücken,
Seinen Nächsten hassen, neiden,
Dessen Bestes stets vermeiden,
Dessen Nachteil emsig stiften,
Zungen=Honig, Herzens=Giften[2]
15 Lieblich, tückisch führen können,
Meinstu, daß dem Christenleben
Beides ähnlich sei und eben?

Gott hat neben sich gesetzet
Auch den Nächsten, wird verletzet
20 Durch den Dienst, der ihn gleich liebet
Und den Nächsten übergiebet.[3]
Halbe Christen sind zu nennen,
Die da Gott und Nächsten trennen.

---

1) sich besudeln. — 2) Honig auf der Zunge, Gift im Herzen. — 3) verrät.

33. Namen ohne Sache.

Was hat doch wohl für Stärke
Ein Glaube ohne Werke?
Worzu sind doch die Titel,
Bei welchen keine Mittel?

34. Der Glaube.

Mancher will in Glaubenssachen reiner sich als andre schließen.[1]
Gut! Obs wahr, da lasse[2] reden seinen Wandel und Gewissen,
Denn aus Wandel und Gewissen
Kann man erst den Glauben schließen.

35. Lebenssatzung.

Leb ich, so leb ich
Dem Herren herzlich,
Dem Fürsten treulich,
Dem Nächsten redlich,
Sterb ich, so sterb ich.

36. Die Liebe des Nächsten.

Der, den Christus lieb gehabt, daß er ihn mit Blut erworben,
Wie daß er durch unsern Haß vielmal schändlich ist verdorben?
Wenn man seinen Nächsten hasset, wirft man Christo gleichsam für,
Daß er den so wert geschätzet, den so wenig achten wir.

37. Deutschland.

Deutschland bei der alten Zeit
War ein Stand der Redlichkeit;
Ist jetzt worden ein Gemach,
Drinnen Laster, Schand und Schmach,
5   Was auch sonsten aus man segt,
Andre Völker abgelegt.

---

1) sich halten für. — 2) ergänze er.

38. Das gewandelte Deutschland.

Die Deutschen wußten wenig für Zeiten von dem Golde;
Sie trugen Treu und Glauben¹ für allem alle Hulde.
Jetzt wissen Deutschen wenig vom Glauben und von Treue,
Sie dienen mehr dem Golde, dann Gott, ohn' alle Scheue.

39. Deutsche Sprache.²

Das deutsche Land ist arm; die Sprache kann es sagen,
Die jetzt so mager ist, daß ihr man zu muß tragen
Aus Frankreich, was sie darf³, und her vom Tiberstrom,
Wo vor⁴ Latein starb auch mit dir, unrömisch Rom.
5 Zum Teil schickts der Iber; das andre wird genummen,
So gut es wird gezeugt und auf die Welt ist kummen
Durch einen Gerneflug, der, wenn der Geist ihn rührt,
Jetzt dieses Prahlewort, jetzt jenes rausgebiert.
Die Musen wirkten zwar durch kluge Dichtersinnen,
10 Daß Deutschland sollte deutsch und artlich reden können.
Mars aber schafft es ab und hat es so geschickt,
Daß Deutschland ist blutarm; drum geht es so geflickt.

40. Fremde Tracht.

Alamode⁵=Kleider, Alamode=Sinnen;
Wie sichs wandelt außen, wandelt sichs auch innen.

41. Französische Gebärde.

Wir kleiden jetzund, ihr Franzosen,
Der Deutschen Ruhm in eure Hosen.
Ihr künnt es schwerlich anders machen:
Ihr müßt zu unsrer Thorheit lachen.

42. Franzosenfolge.

Narrenkappen sam den Schellen, wenn ich ein Franzose wär,
Wollt ich tragen, denn die Deutschen gingen stracks wie ich daher.

---

1) Dativ. — 2) vgl. Horribilicribrifax. — 3) wessen sie bedarf. —
4) früher. — 5) d. h. französische.

43. Französische Kleidung.

Diener tragen insgemein ihrer Herren Liverei.
Solls dann sein, daß Frankreich Herr, Deutschland aber Diener sei?
Freies Deutschland, schäm dich doch dieser schnöden Knechterei!

44. Friede und Krieg.

Der Krieg ist köstlich gut, der auf den Frieden bringt,
Ein Fried ist schändlich arg, der neues Kriegen bringt.

b. Die sächsischen Dichter.

V.
Paul Fleming.

(Geb. 5. Okt. 1609 zu Hartenstein im Voigtlande, besuchte Gymnasium und Universität in Leipzig, wo er Medizin studierte. Daneben beschäftigte er sich mit Musik und Poesie. 1633 schloß er sich einer Gesandtschaft des Herzogs Friedrich von Holstein nach Rußland und Persien an und dichtete bei Antritt der Reise das Lied "In allen meinen Thaten". 1640 kehrte er zurück, ließ sich in Hamburg nieder und starb dort schon am 2. April 1640.

1. Nach des VI. Psalmens Weise.[1]

In allen meinen Thaten
Laß ich den Höchsten raten,
Der alles kann und hat,
Er muß zu allen Dingen,
5 Solls anders wohl gelingen,
Selbst geben Rat und That.

Nichts ist es spat und frühe,
Um alle meine Mühe,
Mein Sorgen ist umsonst,
10 Er mags mit meinen Sachen
Nach seinem Willen machen:
Ich stells in seine Gunst.

[1] d. h. nach Goudimels Melodie zu einer Bearbeitung des VI. Psalms.

Es kann mir nichts geschehen,
Als was er hat versehen,
15 Und was mir selig ist,
Ich nähm¹ es, wie ers giebet,
Was ihm von mir geliebet,²
Das hab auch ich erkiest.

Ich traue seiner Gnaden,
20 Die mich für³ allen Schaden,
Für allen Übel schützt.
Leb ich nach seinen Sätzen,
So wird mich nichts verletzen,
Nichts fehlen, was mir nützt.

25 Er wolle meiner Sünden
In Gnaden mich entbinden,
Durchstreichen meine Schuld.
Er wird auf mein Verbrechen
Nicht stracks das Urteil sprechen,
30 Und haben noch Geduld.

Ich zieh in ferne Lande,
Zu nützen einem Stande,
An den er mich bestellt.
Sein Segen wird mir lassen,
35 Was gut und recht ist, fassen,
Zu dienen seiner Welt.

Bin ich in wilder Wüsten,
So bin ich doch bei Christen,
Und Christus ist bei mir.
40 Der Helfer in Gefahren,
Der kann mich doch bewahren,
Wie dorte, so auch hier.

Er wird zu diesen Reisen
Gewünschten Fortgang weisen,
45 Wohl helfen hin und her.

---

1) dial. nehm'. — 2) was ihm in Bezug auf mich gefällt. —
3) für = vor. Zwischen der starken und schwachen Endung des Dativs
wird, besonders bei sächsischen Dichtern, nicht streng geschieden.

Gesundheit, Heil und Leben,
Zeit, Wind und Wetter geben,
Und alles nach Begehr.

Sein Engel, der getreue,
Macht meine Feinde scheue,
Tritt zwischen mich und sie.
Durch seinen Zug, den frommen,
Sind wir so weit nun kommen,
Und wissen fast nicht wie.

Leg ich mich späte nieder,
Erwach ich frühe wieder,
Lieg oder zieh ich fort;
In Schwachheit und in Banden,
Und was mir stoßt zu handen,
So tröstet mich sein Wort.

Hat er es denn beschlossen,
So will ich unverdrossen
An mein Verhängnis gehn.
Kein Unfall unter allen
Wird mir zu harte fallen,
Ich will ihn überstehn.

Ihm hab ich mich ergeben,
Zu sterben und zu leben,
Sobald er mir gebeut.
Es sei heut oder morgen,
Dafür laß ich ihn sorgen,
Er weiß die rechte Zeit.

Gefällt es seiner Güte
Und sagt mir mein Gemüte
Nicht was vergeblichs zu,
So werd ich Gott noch preisen
Mit manchen schönen Weisen
Daheim in meiner Ruh.

Indes wird er den meinen
Mit Segen auch erscheinen,
Ihr Schutz, wie meiner, sein,

Wird beiderseits gewehren,
Was unser Wunsch und Zähren
Ihn bitten überein.

5 So sei nun, Seele, deine[1]
Und traue dem alleine,
Der dich geschaffen hat.
Es gehe, wie es gehe,
Dein Vater in der Höhe
10 Weiß allen Sachen Rat.

2. Ergebenheit.

Laß dich nur nichts nicht tauren
Mit trauren;
Sei stille.
Wie Gott es fügt,
5 So sei vergnügt,
Mein Wille.

Was willst du heute sorgen
Auf morgen?
Der eine
10 Steht allem für,
Der giebt auch dir
Das deine.

Sei nur in allen[2] Handel
Ohn Wandel.
15 Steh feste.
Was Gott beschleußt,
Das ist und heißt
Das beste.

3. Tugend.

Tugend ist mein Leben,
Der hab ich mich ergeben,
Den ganzen mich.
Tugend will ich ehren,
5 Tugend wird mich lehren,
Was sie selbst kann mehren,
Sie wächst durch sich).

Nicht des Weges Länge,
Noch des Pfades Enge
10 Schreckt mich davon.
Laß die Dornen stechen,
Füß und Kleider brechen,
Sie wird alles rechen
Durch ihren Lohn.

---

1) Sei dein eigen, vertraue nicht auf andere. — 2) s. o. S. 45 Anm. 3.

15 Weil die andern karten,[1]
    Lust und Schlafes warten,
    So säum ich nicht.
    Itzt ist Zeit zu eilen,
    Dem wird alles feilen,[2]
20 Der sich wird verweilen
    Und itzt verbricht.[3]

    Alles ander alles
    Hat die Art des Balles,
    Der steigt und fällt.
25 Schatze haben Flügel,
    Ehre läßt den Zügel,
    Lust kommt aus dem Bügel:
    Die Tugend hält.

    Hab ich Gott und Tugend
    So hat meine Jugend,
30 Was sie macht wert.
    Diese schönen beide
    Wehren allem Leide,
    Lieben[4] alle Freude,
    So man begehrt.

4. Treue.

    Ein getreues Herze wissen
    Hat des höchsten Schatzes Preis.
    Der ist selig zu begrüßen,
    Der ein treues Herze weiß.
5 Mir ist wohl bei höchstem Schmerze,
    Denn ich weiß ein treues Herze.

    Läuft das Glücke gleich zu Zeiten
    Anders als man will und meint,
    Ein getreues Herz hilft streiten
10 Wider alles, was ist feind.
    Mir ist wohl bei höchstem Schmerze,
    Denn ich weiß ein treues Herze.

    Sein Vergnügen steht alleine
    In des andern Redlichkeit,
15 Hält des andern Not für seine,
    Weicht nicht auch bei böser Zeit.
    Mir ist wohl bei höchstem Schmerze,
    Denn ich weiß ein treues Herze.

---

1) Während die andern die Zeit verbringen (karten, Karten spielen).
— 2) fehlen. — 3) verbricht intr. — 4) lieben angenehm machen.

Gunst, die kehrt sich nach dem Glücke,
20 Geld und Reichtum, das zerstäubt,
Schönheit läßt uns bald zurücke,
Ein getreues Herze bleibt.
Mir ist wohl bei höchstem Schmerze,
Denn ich weiß ein treues Herze.

25 Eins ist da sein und geschieden.
Ein getreues Herze hält,
Giebt sich allezeit zufrieden,
Steht auf, wenn es niederfällt.
Ich bin froh bei höchstem Schmerze,
30 Denn ich weiß ein treues Herze.

Nichts ist süßers, als zwei Treue,
Wenn sie eines worden sein.
Dies ists, das ich mich erfreue,
Und Sie giebt ihr Ja auch drein.
35 Mir ist wohl bei höchstem Schmerze,
Denn ich weiß ein treues Herze

5. Die Eine.
(Gekürzt.)

Eine hab ich mir erwählet,
Und die solls alleine sein,
Die mich fröhlich macht und quälet,
Doch mit einer süßen Pein.
5 Ihrer Tugend reine Pracht
Hat mir ihre Gunst gemacht.

Lobt der Eine von der Jugend,
Jener Eine von der Zier:
Mich ergetzet ihre Tugend,
10 Die vor andern glänzt an ihr
Wie des Monden voller Schein
Unter tausend Sternelein.

So erstreckt sich mein Begehren
Weiter als auf Treue nicht.

15 Ihre Wahrheit kann gewähren,
Was mir ihre Gunst verspricht.
Hab ich sie, so hab ich mir
Aller Schätze Schatz' an ihr.

Ein Gedächtnis will ich stiften
20 Und von Jaspis führen auf,
Amor soll mit gülbnen Schriften
Diese Worte stechen drauf:
Basilene, du allein
Und sonst keine soll es sein.

6. Über Herrn Martin Opitzen auf Boberfeld sein Ableben.

Sonett.

So zeuch auch du denn hin in dein Elysierfeld,
Du Pindar, du Homer, du Maro unsrer Zeiten,
Und untermenge dich mit diesen großen Leuten,
Die ganz in deinen Geist sich hatten hier verstellt.

5 Zeuch jenen Helden zu, du jenen gleicher Held,
Der itzt nichts gleiches hat. Du Herzog deutscher Seiten,[1]
O Erbe durch dich selbst der steten Ewigkeiten,[2]
O ewiglicher Schatz und auch Verlust der Welt.

Germania ist tot, die Herrliche, die Freie,
10 Ein Grab verdecket sie und ihre ganze Treue,[3]
Die Mutter die ist hin; hier liegt nun auch ihr Sohn,

Ihr Rächer und sein Arm.[4] Laßt, laßt nur alles bleiben
Ihr, die ihr übrig seid, und macht euch nur davon.
Die Welt hat wahrlich mehr nichts würdigs zu beschreiben.

---

1) Saiten. — 2) Der du durch dein eignes Verdienst Unsterblichkeit erbit. — 3) nämlich durch den 30jährigen Krieg. — 4) mit Bezug auf Opitz' nationale Bestrebungen für deutsche Sprache und Litteratur.

7. **Herrn Pauli Flemingi der Med. Doct.**

Grabschrift,

so er ihm selbst gemacht in Hamburg, den XXIX. Tag des Merzens
MDCXL auf seinem Todbette drei Tage vor seinem seligen Absterben.

Ich war an Kunst und Gut und Stande groß und reich,
Des Glückes lieber Sohn. Von Eltern guter Ehren,
Frei, meine,[1] kunte mich aus meinen Mitteln nehren.
Mein Schall floh überweit. Kein Landsmann sang mir gleich.
Von Reisen hochgepreist; für keiner Mühe bleich,
Jung, wachsam, unbesorgt. Man wird mich nennen hören,
Bis daß die letzte Glut dies alles wird verstören.
Dies, deutsche Klarien,[2] dies ganze dank ich Euch.

Verzeiht mir, bin ichs wert, Gott, Vater, Liebste, Freunde!
Ich sag Euch gute Nacht und trete willig ab.
Sonst alles ist gethan, bis an das schwarze Grab.

Was frei dem Tode steht, das thu er seinem Feinde.
Was bin ich viel besorgt, den Othem aufzugeben?
An mir ist minder nichts, das lebet, als mein Leben.

VI.
Martin Rinkart.

Geboren 1586 in Eilenburg, studierte in Leipzig, war vorübergehend Pfarrer in Eisleben und Erdeborn und seit 1617 Archidiakonus in Eilenburg, wo er in aufopfernder Pflichttreue seiner Gemeinde in den Nöten der Pest und des Krieges diente.

Folgender Vorgang diene zu seiner Charakteristik.

Nachdem er das furchtbare Pestjahr 1637, in welchem 8000 Menschen in Eilenburg und Umgegend dahingerafft wurden und täglich Massenbeerdigungen stattfanden, in täglichem Liebesdienste überstanden, nachdem er im darauffolgenden Jahre 1638 die Schrecken einer noch entsetzlicheren Hungersnot durch Aufopferung seiner ganzen Habe zu mildern gesucht hatte, brach im Jahre 1639 die größte Kriegsgefahr über Eilenburg herein, die es erlebt hat, und in dieser wurde Rinkart der Schutzengel der Stadt. Der schwedische Oberstlieutenant Törstling der spätere brandenburgische Feldmarschall Derfflinger legte der ausgesogenen Stadt eine Brandschatzung von 30000 Thalern auf und begleitete diese Forderung mit der Drohung, die Stadt einzuäschern und zu plündern, wenn nicht

---

1) vgl. oben S. 47, 85. — 2) Klarien, Musen, von Clarius, Beiname des Apollo, der in Klaros einen Tempel hatte.

4*

gewählt werde. Die wiederholten flehentlichen Bitten des Rats blieben erfolglos, und auch Rinkart, der noch einmal allein ins feindliche Lager ging, richtete nichts aus. Aber nachdem er von der Hartherzigkeit des Schweden berichtet hatte und alle sich der Verzweiflung überließen wollten, rief er laut: „Kommt her, ihr lieben Kirchkinder, wir haben bei den Menschen kein Gehör noch Gnade mehr, wir wollen mit Gott reden." Hierauf ließ er sofort zur Betstunde läuten und die Gemeinde in die Kirche rufen. Dort sang nun die geängstete Stadtgemeinde das alte gewaltige Lied „Wenn wir in höchsten Nöten sein" von Paul Eber (vgl. Heit III, 4 S. 20). Einer stärkte mit seiner Stimme Klang den Glauben der andern, Rinkart betete aus tiefstem Herzensgrunde, ein Hohepriester seines Volkes, und als das Vaterunser und die Litanei gebetet wurden, fiel die ganze Gemeinde auf die Kniee nieder. Von der Stadt, in welcher die Besatzung zum Teil mit in die Kirche gezogen war, pflanzte sich die Kunde bis ins Lager hinaus fort. In Torgau regte sich das evangelische Gewissen, und er begnügte sich nach wiederholten Unterhandlungen schließlich mit 2000 Gulden. — Als Dramatiker verherrlichte Rinkart Luther und die Reformation („der Eislebische Ritter"); auch seine Lieder preisen die Segnungen der Reformation, haben aber zu einem sehr großen Teile eine Beziehung zum Elend des dreißigjährigen Krieges und auch zum täglichen Leben. Das bekannteste „Nun danket alle Gott" gehört, wie die Überschrift zeigt, der letzteren Gruppe an. Rinkart starb in Eilenburg 1649.

1. Friedenreiches Freuden-Lied.
Beim Separatfrieden Sachsens und Brandenburgs 1635.
(Gekürzt.)

Nun freut euch, lieben Christen gemein
Und laßt uns fröhlich springen;
Daß wir getrost und all in ein
Mit Lust und Liebe singen,
5 Was Gott für güldne Friedens=Zeit,
Der Himmels-Friedefürst, bereit
In unserm Vaterlande.

Ihr, die ihr reitet aus und ein
Auf schönen Eselinnen,
10 Stimmt an bei Sonn= und Mondenschein
Dem Wächter auf der Zinnen.
Die Lerch und die Frau Nachtigall
Begleiten euren Hofeschall
Mit ihren Cincirliren.

15 Ihr Fürsten leget Spieß und Schwert
Und Wehr und Waffen nieder
Und bauet Gottes Haus und Herd
Und Kirch und Schulen wieder

6) bereit, bereitet hat. — 14) ihren vgl. 15, 20. — Cincirliren Quintelieren, quintieren, in Quinten d. h. fein singen.

Und heget Städt- und Landgericht
Und lasset den Gerechten nicht
Unbillig unterdrücken.

. . . . .

Nun gehet frisch und fröhlich aus,
Ihr Mäher und ihr Schnitter,
Und bauet wieder Hof und Haus,
Hausväter und Hausmütter.
Gesegnet sei die Frucht, die säugt
Und Kind und Kindeskinder zeugt,
Die neue Welt zu bauen.

. . . . .

Gelobet sei der große Gott,
Der uns den Schatz gegeben,
Und lässet nach so mancher Not
Den Frieden noch erleben.
Was Leben, Wind und Odem hat,
Mit uns einstimme früh und spat
Und fröhlich sing und sage:

Gelobet sei, gelobet sei
Sein väterlich Gemüte!
Gelobet täglich sei aufs neu
All uns erweiste Güte
Und alle seine Vatergnad
Und honigsüße Wunderthat
Hier und dort ewig! Amen.

2. Tischgebetlein.
Nach dem Essen.

Nun danket alle Gott mit Herzen, Mund und Händen,
Der große Dinge thut an uns und aller Enden,
Der uns von Mutter Leib und Kindes Beinen an
Unzählig viel zu gut und noch itzund gethan.

Der ewig reiche Gott woll uns bei unserm Leben
Ein immer fröhlich Herz und edlen Frieden geben
Und uns in seiner Gnad erhalten fort und fort
Und uns aus aller Not erlösen hie und dort.

Lob, Ehr und Preis sei Gott, dem Vater und dem Sohne
Und dem, der beiden gleich im höchsten Himmelsthrone:
Dem dreimaleinen Gott, als er ursprünglich war,
Und ist und bleiben wird itzund und immerdar.

c. Der Königsberger Dichterkreis.

Gegen Ende des dreißigjährigen Krieges fand sich in Königsberg eine Anzahl von geistig angeregten Männern zu regelmäßigen geselligen Abenden zusammen, in welchen zunächst Musik getrieben, bald aber auch Gelegenheitsdichtungen mitgeteilt wurden, welche meist Heinrich Albert komponierte. Die Seele des Vereins war Robert Roberthin, sein dichterisch bedeutendstes Mitglied Simon Dach. Im Sommer fanden die Zusammenkünfte meist in Heinrich Alberts Garten statt, und dort hatte der letztere die Namen der Freunde, zwölf an der Zahl, mit Gedenkreimen in Kürbisse geschnitten. Unter dem Namen „Musikalische Kürbshütte" gab er die Verse dann heraus. Die Gedichte des Kreises, zum allergrößten Teile Gelegenheitsgedichte für Hochzeiten, Geburten und Todesfälle, sind von tiefem sittlichen Ernst und evangelischer Frömmigkeit getragen und übertreffen an Gehalt vielfach ihrer Meister Opitz. Bleibenden Wert haben dennoch nur einige Gedichte Dachs und Alberts. Von andern preußischen Dichtern, die in Beziehung zu ihnen standen, sei noch Valentin Thilo angeführt.

VII.
Simon Dach.

Geb. 29. Juli 1605 zu Memel, in Königsberg, Wittenberg, Magdeburg gebildet, zuerst in Königsberg Theologie und Philologie, erhielt sich durch Gelegenheitsdichtung und Privatunterricht, wurde 1633 Konrektor der Domschule daselbst und 1639 auf Befehl des Kurfürsten Georg Wilhelm, den er in Gedichten feierte, Professor der Poesie. Er erlag der Schwindsucht am 15. April 1659.

1. Veris tempore fervet Hymen.

Die Sonne rennt mit Prangen
Durch ihre Frühlings Bahn
Und lacht mit ihren Wangen
Den runden Weltkreis an.

  Der West-Wind läßt sich hören
Die Flora, seine Braut,
Aus Liebe zu verehren
Mit Blumen, Gras und Kraut.

  Die Vögel kommen nisten
Aus frembden Ländern her
Und hengen nach den Lüsten;¹
Die Schiffe gehn ins Meer;

  Der Schäfer hebt zu singen
Von seiner Phyllis an,
Die Welt geht wie im Springen,
Es freut sich, was nur kann.

  Drumb wer anitzt zum Lieben
Ein gutes Mittel hat,
Der flieh es auf zu schieben
Und folge gutem Rat,

  Weil alles, was sich reget,
In dem es sich verliebt
Und sich zu gleichem leget,
Hiezu uns Anlaß giebt.

2. Perstet amicitiae semper venerabile foedus.

  Der Mensch hat nichts so eigen,
So wohl steht ihm nichts an,
Als daß er Treu erzeigen
Und Freundschaft halten kann;
Wann er mit seines gleichen
Soll treten in ein Band,
Verspricht sich nicht zu weichen
Mit Herzen, Mund und Hand.

  Die Red ist uns gegeben,
Damit wir nicht allein
Vor uns nur sollen leben
Und fern von Leuten sein;

---

1) sie suchen Lust, sie paaren sich.

Wir sollen uns befragen
Und sehn auf guten Rat,
Das Leid einander klagen,
So uns betreten hat.

Was kann die Freude machen,
Die¹ Einsamkeit verhehlt?
Das gibt ein duppelt Lachen,
Was Freunden wird erzehlt;
Der kann sein Leid vergessen,
Der es von Herzen sagt;
Der muß sich selbst auffressen,
Der in geheim sich nagt.

Gott stehet mir vor allen,
Die meine Seele liebt;
Dann soll mir auch gefallen,
Der mir sich herzlich giebt.
Mit diesem Bunds=Gesellen
Verlach ich Pein und Not,
Geh auf den Grund der Hellen
Und breche durch den Tod.

Ich hab, ich habe Herzen,
So treue, wie gebuhrt.
Die Heuchelei und Scherzen
Nie wissentlich berührt;
Ich bin auch ihnen wieder
Von Grund der Seelen hold,
Ich lieb euch mehr, ihr Brüder,
Als aller Erden Gold.

3. Treue Liebe ist jederzeit Zu gehorsamen bereit.²

Anke van Tharaw öß, de my geföllt,
Se öß mihn Lewen, mihn Goet on mihn Gölt.

Anke van Tharaw heft wedder eer Hart
Op my geröchtet ön Löw' on ön Schmart.

---

1) arcus. — 2) An Johannes Portatius und Anna, Andreas
Neanders, Pfarrers zu Tharau, Tochter zur Hochzeit 1637. — Der
Dialekt ist das ostpreußische Platt.

VII. Simon Dach.

Anke van Tharaw mihn Mihldom, min Goet,
Du mihne Seele, mihn Fleesch on mihn Bloet.

Quöm allet Wedder glihk ön ons tho schlahn,
Wy syn gesonnt by een anger tho stahn.

Kranckheit, Verfälgung, Bedröfnös on Pihn,
Sal unser Löwe Vernöttinge[1] syn.

Recht as een Palmen Bohm äver söck stöcht,[2]
Je mehr en Hagel on Regen anföcht.

So wardt de Löw' ön onß mächtig on groht,
Dörch Kruhtz, dörch Lyden, dörch allerley Noht.

Wördest du glihk een mahl van my getrennt,
Leewdest dar, wor öm de Sönne kuhm kennt;

Eck wöll dy fälgen[3] dörch Wöler,[4] dörch Mär,[5]
Dörch Yhß, dörch Ihsen, dörch fihndlöcket Hähr.[6]

Anke van Tharaw, mihn Licht, mihne Sönn,
Mihn Leven schlüht öck ön dihnet henönn.[7]

Wat öck geböde, wart van dy gedahn,
Wat öck verböde, dat lätstu my stahn.

Wat het de Löwe däch ver een Bestand,
Wor nich een Hart öß, een Mund, eene Hand?

Wor öm söck hartaget,[8] kabbelt on schleyht,
On glihk den Hungen[9] on Katten begeyht.[10]

Anke van Tharaw dat war wy nich dohn,
Du bist mihn Dühfken,[11] mihn Schahpken, mihn Hohn.[12]

Wat öck begehre, begehrest du ohck,
Eck laht den Rack[13] dy, du lätst my be Brohk.[14]

---

1) Verfolgung, Betrübniß, Verknüpfung (Vernotigung). — 2) über sich sticht — sich aufrichtet. — 3) folgen. — 4) Wälder. — 5) Meer. — 6) feindliches Heer. — 7) Mein Leben schließ ich in deines hinein. — 8) ärgert. — 9) Hunden. — 10) beträgt. — 11) Täubchen. — 12) Huhn. — 13) Rock. — 14) Hose (Bruch).

Du oß dat, Anke, du sötefte Ruh',
Een Lihf on Seele wart uhl öd an du.

Du mahlt dat Lewen tom Hämmlischen Mihl,
Dörch Zanken wert et der Hellen gelihl.

4. Auf Hiob Lepners Tod 9. Mai 1635.

O wie selig seid ihr doch, ihr Frommen,
Die ihr durch den Tod zu Gott gekommen!
    Ihr seid entgangen
Aller Not, die uns noch helt gefangen.

5 Muß man hie doch wie im Kerker leben,
Da nur Sorge, Furcht und Schrecken schweben;
    Was wir hie kennen,
Ist nur Müh und Herzeleid zu nennen.

Ihr hergegen ruht in euer Kammer,
10 Sicher und befreit von allem Jammer,
    Kein Kreuz und Leiden
Ist euch hinderlich in euren Freuden.

Christus wischet ab euch alle Thranen,
Habt das schon, wornach wir uns erst sehnen,
15   Euch wird gesungen,
Was durch keines Ohr allhie gedrungen.

Ach, wer wolte dann nicht gerne sterben
Und den Himmel vor die Welt erwerben?
    Wer wolt hie bleiben,
20 Sich den Jammer länger lassen treiben?

Komm, o Christe, komm uns auszuspannen.
Lös uns auf und führ uns bald von dannen!
    Bei dir, o Sonne,
Ist der frommen Seelen Freud und Wonne.

VIII.
Heinrich Albert.

Geb. 1604 zu Lobenstein im Vogtlande, auf dem Gymnasium in Gera gebildet, studierte in Dresden Musik und in Leipzig die Rechte. Seit 1630 Organist an der Domkirche in Königsberg, starb er daselbst 1651.

Gott des Himmels und der Erden,
Vater, Sohn und Heilger Geist,
Der es Tag und Nacht läßt werden,
Sonn' und Mond uns scheinen heißt,
5 Dessen starke Hand die Welt
Und was drinnen ist erhält.

Gott, ich danke dir von Herzen,
Daß du mich in dieser Nacht
Vor Gefahren, Angst und Schmerzen
10 Hast behütet und bewacht,
Daß des bösen Feindes List
Mein nicht mächtig worden ist.

Laß die Nacht auch meiner Sünden
Jetzt mit dieser Nacht vergehn;
15 O Herr Jesu, laß mich finden
Deine Wunden offen stehn,
Da alleine Hülf und Rat
Ist für meine Missethat.

Hilf, daß ich mit diesem Morgen
20 Geistlich auferstehen mag
Und für meine Seele sorgen:
Daß, wenn nun dein großer Tag
Uns erscheint und dein Gericht,
Ich davor erschrecke nicht.

25 Führe mich, o HERR, und leite
Meinen Gang nach deinem Wort;
Sei und bleibe du auch heute
Mein Beschützer und mein Hort:
Nirgends als von dir allein
30 Kann ich recht bewahret sein.

Meinen Leib und meine Seele
Sampt den Sinnen und Verstand,
Großer Gott, ich dir befehle
Unter deine starke Hand;
Herr, mein Schild, mein Ehr und Ruhm,
Nimm mich auf, dein Eigentum.

Deinen Engel zu mir sende,
Der des bösen Feindes Macht,
List und Anschlag von mir wende
Und mich halt' in guter Acht,
Der auch endlich mich zur Ruh
Trage nach dem Himmel zu!

IX.

Valentin Thilo.

Geboren 1607 zu Königsberg i. Pr., gestorben daselbst als Professor der Redekunst 1662. Verfasser zahlreicher geistlicher Lieder.

Adventslied.

Mit Ernst, ihr Menschenkinder,
Das Herz in euch bestellt!
Bald wird das Heil der Sünder,
Der große Wunderheld,
Den Gott aus Gnad allein
Der Welt zum Licht und Leben
Gesendet und gegeben,
Bei allen kehren ein.

Bereitet doch fein tüchtig
Den Weg dem großen Gast,
Macht seine Steige richtig,
Laßt alles, was er haßt;
Macht alle Bahnen recht,
Das Thal laßt sein erhöhet;
Macht niedrig, was hoch stehet,
Was krumm ist, gleich und schlecht.[1]

1 schlecht, schlicht, gerade; vgl. „schlecht und recht".

Ein Herz, das Demut übet,
Bei Gott am höchsten steht:
Ein Herz, das Hochmut liebet,
20 Mit Angst zu Grunde geht;
Ein Herz, das richtig ist
Und folget Gottes Leiten,
Das kann sich recht bereiten,
Zu dem kommt Jesus Christ.

25 Ach, mache du mich Armen
Zu dieser Gnadenzeit
Aus Güte und Erbarmen,
Herr Jesu, selbst bereit!
Zeuch in mein Herz hinein
30 Vom Stall und von der Krippen,
So werden Herz und Lippen
Dir ewig dankbar sein.[1]

[1] Ursprüngliche Fassung der 4. Strophe:

Das war Johannis Stimme,
Das war Johannis Lehr.
Gott strafet den mit Grimme,
Der ihm nicht giebt Gehör.
O Herr Gott, mach auch mich
Zu deines Kindes Krippen,
So sollen meine Lippen
Mit Ruhm erheben dich.

d. Die niederdeutschen Dichter.

X.

Johann Rist.

Geb. 1607 zu Ottensen in Holstein, in Hamburg, Bremen, Rinteln und Rostock gebildet, als Pfarrer in Wedel in Holstein vom Kaiser und dem Herzog von Mecklenburg hochgeehrt, Mitglied der Fruchtbringenden Gesellschaft und des Pegnizordens, starb 1667 zu Wedel. Er ist einer der fruchtbarsten Dichter des 17. Jahrhunderts. Seine weltlichen und dramatischen Dichtungen stehen in enger Beziehung zum 30jährigen Kriege, daneben zahlreiche Gelegenheitsgedichte. Die Zahl seiner geistlichen Lieder beträgt 650.

1. Germaniens Klagelied.

(Gekürzt.)

Was soll ich armes Reich, was soll ich endlich machen,
Nun mir genommen ist mein Freuen, Lust und Lachen?
Kaum bin ich mehr bei Sinnen
In dieser langen Not.
5 Was soll ich doch beginnen?
Nun wünsch ich mir den Tod.

Mein ganzer Leib ist wund; es gehen mir die Schmerzen,
Die ich so manches Jahr erduldet so zu Herzen,
Daß ich kaum kann erheben
10 Die schwache Stimm und Wort,
Bald muß auch dies mein Leben,
Das kaum noch halb ist, fort.

Bis hierher hab' ich noch viel lieber wollen schweigen,
Als Ungeduld im Kreuz und bittern Stand erzeigen:
15 Nun will ich lassen fließen
Die Bächlein ohne Zahl
Und mit Geschrei ergießen
Die Thränen allzumal.

Ach, Lieb und Treu ist hin, die Gottesfurcht erkaltet;
20 Der Glaub ist abgethan, Beständigkeit veraltet.
Das deutsche Blut bedünget
So manches schöne Land;
Mein eignes Volk bezwinget
Sich selbst mit eigner Hand.

Die Wälder, Berg und Thal, da man sonst Kräuter meiet,¹
Sind nunmehr, o der Not! mit Knochen überstreuet,
Mit lautren Menschenbeinen
Viel weißer als der Schnee.
Ach sollt ich noch nicht weinen,
30 Wenn ich die Not ansich?

Es zerren mich zu viel die großen Potentaten,
Als Spanier, Turk, Franzos, auch Gothen² und Kroaten,
Die alle mich zu zwingen
Sind kommen in mein Land.
35 Nun hör ich sie noch singen
Ein Liedlein mir zur Schand.

Es wird ja Gnad und Gunst durch Thränen aufgeschlossen,
Durch Thränen, die ein Herz voll Reue ausgegossen:
So helft mir alle schreien
40 Zu unserm Gott allein:
Der wollte ja mit Treuen
Zuletzt mein Helfer sein.

Wird mich mein Gott zuletzt in alte Freiheit setzen
Und nach so mancher Not in neuer Freud ergetzen,
45 So will ich ihn versühnen
Mit Dank zu aller Frist,
Und meinen Nächsten dienen,
So viel mir möglich ist.

2. Zum Begräbnis Jesu.

O Traurigkeit!
O Herzeleid!
Ist das nicht zu beklagen?
Gott des Vaters einig Kind
5 Wird ins Grab getragen.

O große Not!
Gott selbst liegt tot:
Am Kreuz ist er gestorben,
Hat dadurch das Himmelreich
15 Uns aus Lieb erworben.

1) mähen. — 2) Schweden.

O Menschenkind,
Nur deine Sünd
Hat dieses angerichtet,
Da du durch die Missethat
15 Warest ganz vernichtet.

Dein Bräutigam,
Das Gottes Lamm,
Liegt hier mit Blut beschlossen,
Welches es ganz williglich
20 Hat für dich vergossen.

O süßer Mund,
O Glaubensgrund,
Wie bist du doch zuschlagen!¹
Alles, was auf Erden lebt
25 Muß dich ja beklagen.

O lieblichs Bild,
Schön zart und mild,
Du Söhnlein der Jungfrauen,
Niemand kann dein heißes Blut
30 Sonder Reu anschauen.

Hochselig ist
Zu aller Frist,
Der dieses recht bedenket,
Wie der Herr der Herrlichkeit
35 Wird ins Grab gesenket.

O Jesu du,
Mein Hilf und Ruh,
Ich bitte dich mit Thränen:
Hilf, daß ich mich bis ins Grab
40 Nach dir möge sehnen.

1) zerschlagen.

X. Johann Rist.

Betrachtung der Ewigkeit.
(Weltlust.)

O Ewigkeit, du Donnerwort!
O Schwert, das durch die Seele bohrt!
O Anfang sonder Ende!
O Ewigkeit, Zeit ohne Zeit!
5 Ich weiß für großer Traurigkeit
Nicht, wo ich mich hinwende;
Mein ganz erschrocknes Herz erbebt,
Daß mir die Zung am Gaumen klebt.

Kein Unglück ist in aller Welt,
10 Das endlich mit der Zeit nicht fällt
Und ganz wird aufgehoben:
Die Ewigkeit hat nur kein Ziel,
Sie treibet fort und fort ihr Spiel,
Läßt nimmer ab zu toben;
15 Ja, wie mein Heiland selber spricht,
Aus ihr ist kein Erlösung nicht.

O Ewigkeit, du machst mir bang!
O Ewig, Ewig ist zu lang:
Hier gilt fürwahr kein Scherzen:
20 Drum wann ich diese lange Nacht
Zusambt der großen Pein betracht,
Erschreck ich recht von Herzen.
Nichts ist zu finden weit und breit
So schrecklich als die Ewigkeit.

25 Liegt einer krank und ruhet gleich
Im Bette, das von Golde reich
Recht fürstlich ist gezieret,
So hasset er doch solchen Pracht
Auch so, daß er die ganze Nacht
30 Ein kläglichs Leben führet:
Er zählet aller Glocken Schlag
Und seufzet nach dem lieben Tag.

Ach was ist das? der Höllen Pein
Wird nicht wie Leibeskrankheit sein
35 Und mit der Zeit sich enden:
Es wird sich der Verdammten Schar

Im Feur und Schwefel immerdar
Mit Zorn und Grimm umwenden;
Und dies ihr unbegreiflich Leid
Soll währen bis in Ewigkeit.

So lang ein Gott im Himmel lebt
Und uber alle Wolken schwebt,
Wird solche Marter währen;
Es wird sie plagen Kält und Hitz,
Angst, Hunger, Schrecken, Feur und Blitz,
Und sie doch nie verzehren:
Dann wird sich enden ihre Pein,
Wenn Gott nicht mehr wird ewig sein.

Wach auf, o Mensch, vom Sündenschlaf!
Ermuntre dich, verlornes Schaf,
Und beßre bald dein Leben!
Wach auf! es ist doch hohe Zeit:
Es kömmt heran die Ewigkeit
Dir deinen Lohn zu geben.
Vielleicht ist heut der letzte Tag:
Wer weiß noch wie man sterben mag?

O du verfluchtes Menschenkind,
Von Sinnen toll, von Herzen blind,
Laß ab die Welt zu lieben!
Ach, ach, soll denn der Höllen Pein,
Da mehr denn tausend Henker sein,
Ohn Ende dich betrüben?
Wo lebt ein so beredter Mann,
Der dieses Werk aussprechen kann?

O Ewigkeit, du Donnerwort!
O Schwert, das durch die Seele bohrt!
O Anfang sonder Ende!
O Ewigkeit, Zeit ohne Zeit!
Ich weiß für großer Traurigkeit
Nicht, wo ich mich hinwende.
Herr Jesu, wenn es dir gefällt,
Eil ich zu dir ins Himmelszelt.

e. Die thüringischen und süddeutschen Dichter.

XI.
Wilhelm IV. Herzog von Sachsen-Weimar.

Geb. 1598, gest. 1662, einer der Stifter des Palmenordens. Daß er geistliche Lieder gedichtet hat steht fest, doch wird ihm das folgende erst in späterer Überlieferung zugeschrieben. Die Gesangbücher nennen ihn irrig Wilhelm II.

  Herr Jesu Christ, dich zu uns wend,
  Dein heilgen Geist du zu uns send;
  Mit Hilf und Gnad, Herr, uns regier
  Und uns den Weg zur Wahrheit führ.

5   Thu auf den Mund zum Lobe dein,
  Bereit das Herz zur Andacht sein;
  Den Glauben mehr, stärk den Verstand,
  Daß uns dein Nam werd wohl bekannt.

  Bis wir singen mit Gottes Heer:
10   Heilig, heilig ist Gott der Herr!
  Und schauen dich von Angesicht
  In ewger Freud und selgem Licht.

  Ehr sei dem Vater und dem Sohn,
  Dem heilgen Geist in einem Thron:
15   Der heiligen Dreifaltigkeit
  Sei Lob und Preis in Ewigkeit.

XII.
Hartmann Schenk.

Geb. 1634 in Ruhla in Thüringen, gest. 1681 als Pfarrer in Ostheim vor der Rhön.

  Unsern Ausgang segne Gott,
  Unsern Eingang gleichermaßen,
  Segne unser täglich Brot,
  Segne unser Thun und Lassen,
5   Segne uns mit selgem Sterben
  Und mach uns zu Himmelserben.

XIII.
Johann Michael Altenburg.
(Geb. 1584 in Alach bei Erfurt, gest. 1640 als Pastor zu Erfurt.)

Gustav Adolfs Feldlieblein.

Verzage nicht, o Häuflein klein,
Obschon die Feinde willens sein
Dich gänzlich zu verstören,
Und suchen deinen Untergang,
5 Davon dir wird recht angst und bang:
Es wird nicht lange währen.

Dich tröste nur, daß deine Sach
Ist Gottes; dem befiehl die Rach,
Und laß es ihn schlecht¹ walten:
10 Er wird durch seinen Gideon,
Den er wohl weiß, dir helfen schon
Dich und sein Wort erhalten.

So wahr Gott Gott ist und sein Wort,
Muß Teufel, Babst und Höllenpfort
15 Und was dem thut anhangen
Endlich werden zu Schand und Spott.
Gott ist mit uns, und wir mit Gott:
Den Sieg wolln wir erlangen.

Drum sei getrost, du kleines Heer,
20 Streit ritterlich für Gottes Ehr
Und laß dir gar nichts grauen.
Er wird den Feinden nehmn den Mut;
Daß sie sterben in ihrem Blut,
Wirst du mit Augen schauen.

25 Amen, das hilf, Herr Jesu Christ,
Dieweil du unser Schutzherr bist,
Hilf uns durch deinen Namen,
So wollen wir deine Gemein,
Dich loben und dir dankbar sein
30 Und fröhlich singen Amen.²

---

1) s. o. S. 60, Anm. — 2) Wie verhält sich dieses und das folgende Lied zu Opitz' metrischen Regeln?

XIV.
Josua Wegelin.

Geb. 1604 zu Augsburg, starb 1640 als evangelischer Pfarrer in Pressburg, sehr fruchtbar als geistlicher Liederdichter für die verschiedensten Zeiten des religiösen Lebens.

    Auf Christi Himmelfahrt allein
    Ich meine Nachfahrt gründe
    Und allen Zweifel, Angst und Pein
    Hiermit stets überwinde:
5   Denn, weil das Haupt im Himmel ist,
    Wird seine Glieder Jesus Christ
    Zur rechten Zeit nachholen.

    Weil er gezogen himmelan
    Und große Gabn empfangen,
10 Mein Herz auch nur im Himmel kann,
    Sonst nirgends Ruh erlangen;
    Denn wo mein Schatz gekommen hin,
    Da ist auch stets mein Herz und Sinn,
    Nach ihm mich stets verlanget.

15 Ach Herr, laß diese Gnade mich
    Von deiner Auffahrt spüren,
    Daß mit dem wahren Glauben ich
    Mag meine Nachfahrt zieren
    Und dann einmal, wenn dirs gefällt,
20 Mit Freuden scheiden aus der Welt;
    Herr, höre doch mein Flehen.

XV.
Georg Philipp Harsdörffer.

Geb. 1607 zu Nürnberg, studierte in Altdorf und Straßburg, war später Assessor beim Untergericht in Nürnberg, Mitglied der Fruchtbringenden Gesellschaft und der deutschgesinnten Genossenschaft, Stifter des pegnesischen Blumenordens (Gesellschaft der Schäfer an der Pegnitz), gest. 1658. Vgl. Einleitung S. 5. Seine zahlreichen Schriften und Dichtungen haben nur noch historisches Interesse. Nur einige geistliche Lieder, wie das hier mitgeteilte, haben allgemeine Bedeutung behalten.

    Die Nacht ist nun vergangen,
    Der helle Tag bricht an,
    Die Sonn hat angefangen
    Zu laufen ihre Bahn:

5 Mein Herz soll auch aufsteigen,
Und alles, was ich bin,
Sich zu der Erde neigen
Aus demutsvollem Sinn.

Die Himmel all erzählen
10 Des höchsten Gottes Ehr:
Das Haus der frommen Seelen
Und aller Engel Heer
Weist uns durch so viel Sterne
Die überschöne Pracht,
15 Auf daß wir hier von Ferne
Dahin auch sein bedacht.

Mein Gott, laß mich verachten,
Was irdisch, eitel ist,
Und nach dem Himmel trachten
20 In dieser Lebensfrist:
Laß mich den Tag hinbringen
In der Gottseligkeit
Und ritterlich durchdringen
Zur ewgen Himmels Freud.

B.

Paulus Gerhardt und seine Schule.

Ohne bewußten und gewollten Gegensatz zu Opitz und seiner Schule brachte Paul Gerhardt in seinen klassischen Liedern den volkstümlichen, unmittelbaren Gefühlsausdruck zur Geltung. Er bedient sich daher auch mit Vorliebe der alten volkstümlichen Strophenformen, besonders des Hildebrandstones (s. Denkmäler III, 4 S. 118), und in seinen Versen herrscht der natürliche Fluß des Rhythmus, dem man das Streben nach Korrektheit der Form nicht mehr anmerkt. Er wurde bald in ganz Deutschland bewundert, und der Kreis seiner Anhänger, von dem hier nur die bekanntesten Persönlichkeiten herausgehoben werden, setzte sich aus allen deutschen Gauen zusammen. Ph. Wackernagel charakterisiert diese Richtung treffend folgendermaßen: „Gerhardts Lieder spiegeln den Übergangscharakter seiner Zeit ab, wo neben dem christlichen Gemeindebewußtsein sich das persönliche Gefühlsleben, die subjektive Richtung, anfing geltend zu machen, so daß man ihn für den letzten und zugleich vollendetsten der streng kirchlichen Dichter ansehen kann, welche im konfessionell-kirchlichen Glauben gegründet waren, ihn aber auch die Reihe derjenigen Dichter eröffnen lassen kann, in deren Liedern Preis und Anbetung des geoffenbarten Gottes zurücktreten vor dem Ausdruck der Empfindungen, die sich in der Seele im Anschauen ihres Verhältnisses zu Gott, dem sich offenbarenden Heil, bemächtigen. Er stand auf der Höhe der Zeit, und beide Richtungen vereinigten sich in ihm aufs lebendigste."

XVI.
Paulus Gerhardt.

Geb. 12. März 1607 zu Gräfenhainichen, studierte in Wittenberg Theologie, lebte dann in Berlin als Kandidat bis 1651, in welchem Jahre er Propst in Mittenwalde wurde. 1657 wurde er als Diakonus an die Nikolaikirche nach Berlin berufen. Obwohl er religiösen Streitigkeiten ganz fern stand, bereiteten ihm doch Gewissensbedenken, das Religionsedikt des Großen Kurfürsten zu unterschreiben, welches jede Erwähnung der Lehrunterschiede zwischen Reformierten und Lutheranern auf der Kanzel verbot. Er legte sein Amt nieder und wurde 1669 Propst–us in Lübben, wo er 1676 starb. Er dichtete ausschließlich geistliche Lieder, von denen im folgenden nur die allerbekanntesten mitgeteilt werden.

1. Morgenlied.
Aus dem ersten Berliner Aufenthalte.

Wach auf, mein Herz, und singe
Dem Schöpfer aller Dinge,
Dem Geber aller Güter,
Dem frommen Menschenhüter!

  5 Heint[1] als die dunkeln Schatten
Mich ganz umgeben hatten,
Hat Satan mein begehret;
Gott aber hats gewehret.

Ja, Vater, als er suchte,
10 Daß er mich fressen mochte,
War ich in deinem Schoße,
Dein Flügel mich beschlosse.[2]

Du sprachst: Mein Kind nun liege
Trotz dem, der dich betruge;[3]
15 Schlaf wohl, laß dir nicht grauen,
Du sollst die Sonne schauen.

Dein Wort, das ist geschehen,
Ich kann das Licht noch sehen;
Von Not bin ich befreiet,
20 Dein Schutz hat mich verneuet.

Du willst ein Opfer haben;
Hier bring ich meine Gaben:
Mein Weihrauch, Farr und Widder
Sind mein Gebet und Lieder.

---

1) hînaht = heute Nacht. — 2) unrichtiges e, vgl. o. S. 14, Z. 15.
3) Konj. der betrügen möchte.

Die wirst du nicht verschmähen;
Du kannst ins Herze sehen
Und weißt wohl, daß zur Gabe
Ich ja nichts Beßres habe.

So wollst du nun vollenden
Dein Werk an mir und senden,
Der mich an diesem Tage
Auf seinen Händen trage.

Sprich ja zu meinen Thaten,
Hilf selbst das Beste raten;
Den Anfang, Mitt und Ende,
Ach Herr, zum Besten wende.

Mit Segen mich beschütte,
Mein Herz sei deine Hütte,
Dein Wort sei meine Speise,
Bis ich gen Himmel reise.

2. Morgenlied.

(Gekürzt)

Die güldne Sonne
Voll Freud und Wonne
Bringt unsern Grenzen
Mit ihrem Glänzen
Ein herzerquickendes, liebliches Licht.
Mein Häupt und Glieder
Die lagen darnieder:
Aber nun steh ich,
Bin munter und fröhlich,
Schaue den Himmel mit meinem Gesicht.

Mein Auge schauet,
Was Gott gebauet
Zu seinen Ehren
Und uns zu lehren,

Wie sein Vermögen sei mächtig und groß.
Und wo die Frommen
Dann sollten hin kommen,
Wann sie in Frieden
Von hinnen geschieden
Aus dieser Erden vergänglichem Schoß.

Lasset uns singen,
Dem Schöpfer bringen
Güter und Gaben:
Was wir nur haben,
Alles sei Gott zum Opfer gesetzt.
Die besten Güter
Sind unsre Gemüter;
Dankbare Lieder
Sind Weihrauch und Widder,
An welchen er sich am meisten ergetzt.

Ich hab erhoben
Zu dir hoch droben
All meine Sinnen:
Laß mein Beginnen
Ohn' allen Anstoß und glücklich ergehn.
Laster und Schande,
Des Lucifers Bande,
Fallen und Tücke
Treib ferne zurücke:
Laß mich auf deinen Geboten bestehn.

Laß mich mit Freuden
Ohn alles Neiden
Sehen den Segen,
Den du wirst legen
In meines Bruders und Nähesten Haus.
Geiziges Brennen,
Unchristliches Rennen
Nach Gut und Sünde,
Das tilge geschwinde
Von meinem Herzen und wirf es hinaus.

Menschliches Wesen,
Was ists gewesen?
In einer Stunde
Geht es zu Grunde,
55 Sobald das Lüftlein des Todes drein bläst.
Alles in allen[1]
Muß brechen und fallen;
Himmel und Erden,
Die müssen das werden,
60 Was sie vor ihrer Erschöpfung[2] gewest.

Alles vergehet,
Gott aber stehet
Ihn alles Wanken;
Seine Gedanken,
65 Sein Wort und Wille hat ewigen Grund.
Sein Heil und Gnaden,
Die nehmen nicht Schaden,
Hinten im Herzen
Die tödlichen Schmerzen
70 Halten uns zeitlich und ewig gesund.

Kreuz und Elende,
Das nimmt ein Ende:
Nach Meeres Brausen
Und Winters Sausen
75 Leuchtet der Sonnen gewünschtes Gesicht.
Freude die Fülle
Und selige Stille
Hab ich zu warten[3]
Im himmlischen Garten:
80 Dahin sind meine Gedanken gericht.

---

1) Dat. Sing. s. o. S. 47 Anm. 2. — 2) Erschaffung. — 3) erwarten.

3. Abendlied.[1]

(Aus dem ersten Berliner Aufenthalte.)

Nun ruhen alle Wälder,
Vieh, Menschen, Stadt und Felder;
Es schläft die ganze Welt:
Ihr aber, meine Sinnen,
Auf, auf! ihr sollt beginnen,
Was eurem Schöpfer wohlgefällt.

Wo bist du, Sonne, blieben?
Die Nacht hat dich vertrieben,
Die Nacht, des Tages Feind.
Fahr hin! ein ander Sonne,
Mein Jesus, meine Wonne,
Gar hell in meinem Herzen scheint.

Der Tag ist nun vergangen,
Die güldnen Sternlein prangen
Am blauen Himmels Saal.
Also werd ich auch stehen,
Wenn mich wird heißen gehen
Mein Gott aus diesem Jammerthal.

Der Leib eilt nun zur Ruhe,
Legt ab das Kleid und Schuhe,
Das Bild der Sterblichkeit,
Die ich zieh aus: dagegen
Wird Christus mir anlegen
Den Rock der Ehr und Herrlichkeit.

Das Haupt, die Füß und Hände
Sind froh, daß nun zum Ende
Die Arbeit kommen sei:
Herz, freu dich), du sollst werden
Vom Elend dieser Erden
Und von der Sünden Arbeit frei.

---

1) Beachte den durchgehenden Parallelismus der beiden Gedanken=
reihen in jeder einzelnen Strophe.

Nun geht, ihr matten Glieder,
Geht hin und legt euch nieder!
Der Betten ihr begehrt:
Es kommen Stund und Zeiten,
35 Da man euch wird bereiten
Zur Ruh ein Bettlein in der Erd.

Mein Augen stehn verdrossen;
Im Hui sind sie geschlossen:
Wo bleibt dann Leib und Seel?
40 Nimm sie zu deinen Gnaden,
Sei gut für allen Schaden,
Du Aug und Wächter Israel!

Breit aus die Flügel beide,
O Jesu, meine Freude,
45 Und nimm dein Küchlein ein;
Will Satan mich verschlingen,
So laß die Englein singen:
Dies Kind soll unverletzet sein.

Auch euch, ihr meine Lieben,
50 Soll heute nicht betrüben
Ein Unfall noch Gefahr:
Gott laß euch ruhig schlafen,
Stell euch die güldne[1] Waffen
Ums Bett und seiner Helden Schar.

4. Sommergesang.

(Aus der Mittenwalder Zeit.)

Geh aus, mein Herz und suche Freud
In dieser lieben Sommerszeit
An deines Gottes Gaben:
Schau an der schönen Gärten Zier
5 Und siehe, wie sie dir und mir
Sich ausgeschmücket haben.

---

1) s. o. S. 13, 25.

Die Bäume stehen voller Laub,
Das Erdreich decket seinen Staub
Mit einem grünen Kleide;
10 Narzissus und die Tulipan,
Die ziehen sich viel schöner an
Als Salomonis Seide.¹

Die Lerche schwingt sich in die Luft,
Das Täublein fleugt aus seiner Gruft
15 Und macht sich in die Wälder;
Die hochbegabte Nachtigall
Ergötzt und füllt mit ihrem Schall
Berg, Hügel, Thal und Felder.

Die Glucke führt ihr Völklein aus,
20 Der Storch baut und bewohnt sein Haus,
Das Schwälblein speist die Jungen.
Der schnelle Hirsch, das leichte Reh
Ist froh und kommt aus seiner Höh
Ins frische Gras gesprungen.

25 Die Bächlein rauschen in dem Sand
Und mahlen sich und ihren Rand
Mit schattenreichen Myrten;
Die Wiesen liegen hart dabei
Und klingen ganz vom Lustgeschrei
30 Der Schaf und ihrer Hirten.

Die unverdroßne Bienenschar
Fleugt hin und her, sucht hier und dar
Ihr edle Honigspeise;
Des süßen Weinstocks starker Saft
35 Bringt täglich neue Stärk und Kraft
In seinen² schwachen Reise.

Der Weizen wächset mit Gewalt,
Darüber jauchzet jung und alt
Und rühmt die große Güte
40 Des, der so überflüssig labt
Und mit so manchem Gut begabt
Das menschliche Gemüte.

1) zu erg. ist. — 2) s. o. S. 45, Anm. 3.

Ich selbsten kann und mag nicht ruhn:
Des großen Gottes großes Thun
45 Erweckt mir alle Sinnen;
Ich singe mit, wenn alles singt,
Und lasse, was dem Höchsten klingt
Aus meinem Herzen rinnen.

Ach, denk ich, bist du hier so schön,
50 Und läßt dus uns so lieblich gehn
Auf dieser armen Erden,
Was will doch wohl nach dieser Welt
Dort in dem reichen Himmelszelt
Und güldnem Schlosse werden?

55 Welch hohe Lust, welch heller Schein
Wird wohl in Christi Garten sein?
Wie muß es da wohl klingen,
Da so viel tausend Seraphim
Mit eingestimmtem Mund und Stimm
60 Ihr Halleluja singen?

O wär ich da! o stünd ich schon
Ach, süßer Gott, vor deinem Thron
Und trüge meine Palmen!
So wollt ich nach der Engel Weis
65 Erhöhen deines Namens Preis
Mit tausend schönen Psalmen.

Doch gleichwohl will ich, weil ich noch
Hier trage dieses Leibes Joch,
Auch nicht gar stille schweigen;
70 Mein Herze soll sich fort und fort
An diesem und an allem Ort
Zu deinem Lobe neigen.

Hilf mir und segne meinen Geist
Mit Segen, der vom Himmel fleußt,
75 Daß ich dir stetig blühe;
Gieb, daß der Sommer deiner Gnad
In meiner Seelen früh und spat
Viel Glaubensfrucht erziehe.

Mach in mir deinem Geiste Raum,
Daß ich dir werd ein guter Baum,
Und laß mich wohl bekleiben:¹
Verleihe, daß zu deinem Ruhm
Ich deines Gartens schöne Blum
Und Pflanze möge bleiben.

Erwähle mich zum Paradeis
Und laß mich bis zur letzten Reis
An Leib und Seele grünen;
So will ich dir und deiner Ehr
Allein und sonsten keinem mehr
Hier und dort ewig dienen.

5. Christliches Freudenlied Pf. 73, 23 ff.

(Aus der Mittenwalder Zeit.)

Warum sollt' ich mich doch grämen?
   Hab ich doch
   Christum noch,
Wer will mir den nehmen?
Wer will mir den Himmel rauben?
   Den mir schon
   Gottes Sohn
Beigelegt im Glauben?

Nackend lag ich auf den Bodem,²
   Da ich kam,
   Da ich nahm
Meinen ersten Odem.
Nackend werd ich auch hinziehen,
   Wenn ich werd
   Von der Erd
Als ein Schatten fliehen.

---

1) bekleiben   Wurzel schlagen (kliben mhd. — haften, noch in unserm kleben. — 2) Bodem ursprüngliche Form für Boden, auf den B., s. S. 45, Anm. 3.

Gut und Blut, Leib, Seel und Leben
　　Ist nicht mein,
　　Gott allein
20　Ist es, ders gegeben;
Will ers wieder zu sich kehren,
　　Nehm ers hin;
　　Ich will ihn
Dennoch fröhlich ehren.

25　Schickt er mir ein Kreuz zu tragen,
　　Dringt herein
　　Angst und Pein,
Sollt ich drum verzagen?
Der es schickt, der wird es wenden;
30　　Er weiß wohl,
　　Wie er soll
All mein Unglück wenden.

Gott hat mich bei guten Tagen
　　Oft ergötzt;[1]
35　　Sollt ich jetzt
Auch nicht etwas tragen?
Fromm ist Gott und schärft mit Maßen
　　Sein Gericht,
　　Kann auch nicht
40　Ganz und gar verlassen.[2]

Satan, Welt und ihre Rotten
　　Können mir
　　Nichts mehr hier
Thun, als meiner spotten.
45　Laß sie spotten, laß sie lachen,
　　Gott, mein Heil,
　　Wird in Eil
Sie zu Schanden machen.

Unverzagt und ohne Grauen
50　　Soll ein Christ,
　　Wo er ist,
Stets sich lassen schauen;

---

1) ergetzen urspr. vergessen machen, nämlich das Leid durch Freude.
— 2) verlassen intr.

Wollt ihn auch der Tod aufreiben,
Soll der Mut
Dennoch gut
Und fein stille bleiben.

Kann uns doch kein Tod nicht töten,
Sondern reißt
Unsern Geist
Aus viel tausend Nöten,
Schließt das Thor der bittern Leiden
Und macht Bahn,
Da man kann
Gehn zu Himmelsfreuden.[1]

Allda will in süßen Schätzen
Ich mein Herz
Auf den Schmerz
Ewiglich ergötzen;
Hier ist kein recht Gut zu finden,
Was die Welt
In sich hält,
Muß im Hui verschwinden.

Was sind dieses Lebens Güter?
Eine Hand
Voller Sand,
Kummer der Gemüter.
Dort, dort sind die edle[2] Gaben,
Da mein Hirt,
Christus, wird
Mich ohn Ende laben.

Herr, mein Hirt, Brunn aller Freuden,
Du bist mein,
Ich bin dein,
Niemand kann uns scheiden.

---

1) Mit dieser Strophe tröstete Gerhardt sich und die Seinen auf dem Sterbebette. — 2) s. o. S. 13, 28.

85 Ich bin dein, weil du dein Leben
    Und dein Blut
    Mir zu gut
In den Tod gegeben.

Du bist mein, weil ich dich fasse
90   Und dich nicht,
    O mein Licht,
Aus dem Herzen lasse.
Laß mich, laß mich hingelangen,
    Da du mich
95   Und ich dich
Leiblich werd umfangen.

6. Lobgesang.
(Aus der Mittenwalder Zeit.)
(Gekürzt.)

Ich singe dir mit Herz und Mund,
Herr, meines Herzens Lust;
Ich sing und mach auf Erden kund,
Was mir von dir bewußt.

5 Ich weiß, daß du der Brunn der Gnad
Und ewge Quelle seist,
Daraus uns allen früh und spat
Viel Heil und Segen fleußt.

Was sind wir doch, was haben wir
10 Auf dieser ganzen Erd,
Das uns, o Vater, nicht von dir
Allein gegeben werd?

Wer hat des schönen Himmels Zelt
Hoch über uns gesetzt?
15 Wer ist es, der uns unser Feld
Mit Tau und Regen netzt?

Wer wärmet uns in Kält und Frost?
Wer schützt uns für dem Wind?
Wer macht es, daß man Öl und Most
20 Zu seinen Zeiten find?

Wer giebt uns Leben und Geblut?
Wer hält mit seiner Hand
Den güldnen, werten, edlen Fried
In unserm Vaterland?

25　Ach Herr, mein Gott, das kommt von dir,
Du, du wirst alles thun;
Du hältst die Wach an unsrer Thur
Und läßt uns sicher ruhn.

Du nähreft uns von Jahr zu Jahr,
30　Bleibst immer fromm und treu,
Und stehst uns, wenn wir in Gefahr
Geraten, treulich bei.

Du strafst uns Sünder mit Geduld
Und schlägst nicht allzusehr,
35　Ja endlich nimmst du unser[1] Schuld
Und wirfst sie in das Meer.

Du füllst des Lebens Mangel aus
Mit dem, was ewig steht,
Und führst uns in des Himmels Haus,
40　Wenn uns die Erd entgeht.

Wohlauf, mein Herze, sing und spring,
Und habe guten Mut,
Dein Gott, der Ursprung aller Ding,
Ist selbst und bleibt dein Gut.

45　Er ist dein Schatz, dein Erb und Teil,
Dein Glanz und Freudenlicht,
Dein Schirm und Schild, dein Hilf und Heil,
Schafft Rat und laßt dich nicht.

Er hat noch niemals was versehn
50　In seinem Regiment:
Nein, was er thut und laßt geschehn,
Das nimmt ein gutes End.

---

1)　unsere.

Ei nun, so laß ihn ferner thun
Und red ihm nicht darein:
So wirst du hier in Frieden ruhn
Und ewig fröhlich sein.

7. Befiehl dem Herrn deine Wege, und hoff' auf ihn,
Er wird's wohl machen. Ps. 37, 5.

(Akrostichon. In Mittenwalde, vor dem zweiten Berliner Aufenthalte gedichtet, also nicht mit der Niederlegung seines Amtes zusammenhängend.)

Befiehl du deine Wege
Und was dein Herze kränkt
Der allertreusten Pflege
Des, der den Himmel lenkt;
5 Der Wolken, Luft und Winden
Giebt Wege, Lauf und Bahn,
Der wird auch Wege finden,
Da dein Fuß gehen kann.

Dem Herren mußt du trauen,
10 Wenn dir's soll wohl ergehn;
Auf sein Werk mußt du schauen,
Wenn dein Werk soll bestehn.
Mit Sorgen und mit Grämen
Und mit selbsteigner Pein
15 Läßt Gott ihm gar nichts nehmen,
Es muß erbeten sein.

Dein ewge Treu und Gnade,
O Vater, weiß und sieht,
Was gut sei oder schade
20 Dem sterblichen Geblüt;
Und was du denn[1] erlesen,
Das treibst du, starker Held,
Und bringst zu Stand und Wesen,
Was deinem Rat gefällt.

---

1) = dann; so noch bei Lessing.

25 Weg hast du allerwegen,
An Mitteln fehlt dir's nicht:
Dein Thun ist lauter Segen,
Dein Gang ist lauter Licht;
Dein Werk kann niemand hindern,
Dein Arbeit darf nicht ruhn,
30 Wenn du, was deinen Kindern
Erspriesslich ist, willst thun.

Und ob gleich alle Teufel
Hier wollten widerstehn,
So wird doch ohne Zweifel
35 Gott nicht zurücke gehn:
Was er sich vorgenommen,
Und was er haben will,
Das muss doch endlich kommen
Zu seinem Zweck und Ziel.

40 Hoff, o du arme Seele,
Hoff und sei unverzagt,
Gott wird dich aus der Höhle,
Da dich der Kummer plagt,
Mit grossen Gnaden rücken;
45 Erwarte nur der Zeit,
So wirst du schon erblicken
Die Sonn der schönsten Freud.

Auf, auf, gieb deinem Schmerze
Und Sorgen gute Nacht;
50 Lass fahren, was das Herze
Betrübt und traurig macht.
Bist du doch nicht Regente,
Der alles führen soll;
Gott sitzt im Regimente
55 Und führet alles wohl.

Ihn, ihn lass thun und walten,
Er ist ein weiser Fürst,
Und wird sich so verhalten,
Dass du dich wundern wirst,

Wann er, wie ihm gebühret,
Mit wunderbaren¹ Rat
Das Werk hinausgeführet,
Das dich bekümmert hat.

Er wird zwar eine Weile
Mit seinem Trost verziehn
Und thun an seinem Teile,
Als hätt in seinem Sinn
Er deiner sich begeben,
Und solltst du für und für
In Angst und Nöten schweben,
So frag er nichts nach dir:

Wirds aber sich befinden,
Daß du ihm treu verbleibst,
So wird er dich entbinden,
Da dus am wengsten gläubst;
Er wird dein Herze lösen
Von der so schweren Last,
Die du zu keinem Bösen
Bisher getragen hast.

Wohl dir, du Kind der Treue,
Du hast und trägst davon
Mit Ruhm und Dankgeschreie
Den Sieg und Ehrenkron.
Gott giebt dir selbst die Palmen
In deine rechte Hand,
Und du singst Freuden-Psalmen
Dem, der dein Leid gewandt.

Mach End, o Herr, mach Ende
An aller unsrer Not;
Stärk unser² Füß und Hände
Und laß bis in den Tod
Uns allzeit deiner Pflege
Und Treu empfohlen sein,
So gehen unsre Wege
Gewiß zum Himmel ein.

---

1) s. oben S. 45, Anm. 3. — 2) unser(e).

8. **Advent-Gesang über Matth. 21, 1 — 9.**
(Aus der Mittenwalder Zeit.)

Wie soll ich dich empfangen
Und wie begegn ich dir;
O aller Welt Verlangen,
O meiner Seelen¹ Zier?
O Jesu, Jesu, setze
Mir selbst die Fackel bei,
Damit, was dich ergötze,
Mir kund und wissend² sei.

Dein Zion streut dir Palmen
Und grüne Zweige hin,
Und ich will dir in Psalmen
Ermuntern meinen Sinn.
Mein Herze soll dir grünen
In stetem Lob und Preis,
Und deinem Namen dienen
So gut es kann und weiß.

Was hast du unterlassen
Zu meinem Trost und Freud?
Als Leib und Seele saßen
In ihrem größten Leid,
Als mir das Reich genommen,
Da Fried und Freude lacht,
Da bist du, mein Heil, kommen,
Und hast mich frei gemacht.

Ich lag in schweren Banden,
Du kommst und machst mich los;
Ich stand in Spott und Schanden,
Du kommst und machst mich groß,
Und hebst mich hoch zu Ehren
Und schenkst mir großes Gut,
Das sich nicht läßt verzehren,
Wie irdisch Reichtum thut.

---

1) schwacher Gen. Sing.   2) Adj. bekannt; in diesem Sinne nicht mehr in Gebrauch; davon wissentlich.

Nichts, nichts hat dich getrieben
Zu mir vom Himmels-Zelt,
Als das geliebte Lieben,
Womit du alle Welt
In ihren tausend Plagen
Und großen Jammerlast,
Die kein Mund kann aussagen,
So fest umfangen hast.

Das schreib dir in dein Herze,
Du hochbetrübtes Heer,
Bei denen Gram und Schmerze
Sich häuft je mehr und mehr;
Seid unverzagt, ihr habet
Die Hilfe vor der Thür,
Der eure Herzen labet
Und tröstet, steht allhier.

Ihr dürft euch nicht bemühen,
Noch sorgen Tag und Nacht,
Wie ihr ihn wollet ziehen
Mit eures Armes Macht;
Er kömmt, er kömmt mit Willen,
Ist voller Lieb und Lust,
All Angst und Not zu stillen,
Die ihm an euch bewußt.

Auch dürft ihr nicht erschrecken
Für eurer Sünden Schuld.
Nein, Jesus will sie decken
Mit seiner Lieb und Huld!
Er kömmt, er kömmt den Sündern
Zum Trost und wahren Heil,
Schafft, daß bei Gottes Kindern
Verbleib ihr Erb und Teil.

Was fragt ihr nach dem Schreien
Der Feind und ihrer Tück?
Der Herr wird sie zerstreuen
In einem Augenblick.

Er kömmt, er kömmt ein König,
Dem wahrlich alle Feind
70 Auf Erden viel zu wenig
Zum Widerstande seind.

Er kömmt zum Weltgerichte,
Zum Fluch dem, der ihn[1] flucht,
Mit Gnad und süßen[1] Lichte
75 Dem, der ihn liebt und sucht.
Ach komm, ach komm, o Sonne,
Und hol uns allzumal
Zum ewgen Licht und Wonne
In deinen Freuden Saal.

9. Weihnachtslied.
(Aus der Mittenwalder Zeit.)

Ich steh an deiner Krippen hier,
O Jesulein, mein Leben;
Ich stehe, bring und schenke dir,
Was du mir hast gegeben.
5 Nimm hin! es ist mein Geist und Sinn,
Herz, Seel und Mut: nimm alles hin
Und laß dirs wohl gefallen.

Du hast mit deiner Lieb' erfüllt
Mein Adern und Geblüte:
10 Dein schöner Glanz, dein süßes Bild
Liegt mir ganz im Gemüte:
Und wie mag es auch anders sein?
Wie könnt ich dich, mein Herzelein,
Aus meinem Herzen lassen?

15 Da ich noch nicht geboren war,
Da bist du mir geboren,
Und hast mich dir zu eigen gar,
Als ich dich kannt, erkoren;
Eh ich durch deine Hand gemacht,
20 Da hat dein Herze schon bedacht,
Wie du mein solltest werden.

1) Dat. mit der oft bemerkten Abschwächung des m zu n.

Ich lag in tiefer Todesnacht:
Du warest meine Sonne,
Die Sonne, die mir zugebracht
Licht, Leben, Freud und Wonne.
O Sonne, die das werte Licht
Des Glaubens in mir zugericht,[1]
Wie schön sind deine Strahlen!

Ich sehe dich mit Freuden an
Und kann mich nicht satt sehen;
Und weil ich nun nicht weiter kann,
So thu ich, was geschehen.[2]
O daß mein Sinn ein Abgrund wär
Und meine Seel ein weites Meer,
Daß ich dich möchte fassen!

Vergönne mir, o Jesulein,
Daß ich im Geiste küsse
Dein Mündlein, das den süßen Wein,
Auch Milch und Honigflüsse
Weit übertrifft in seiner Kraft;
Es ist voll Labsal, Stärk und Kraft,
Die Mark und Bein erquicket.

Wenn oft mein Herz im Leibe weint
Und keinen Trost kann finden,
Da ruft mirs zu: „Ich bin dein Freund,
Ein Tilger deiner Sünden,
Was trauerst du, mein Brüderlein?
Du sollst ja guter Dinge sein:
Ich zahle deine Schulden."

Wo nehm ich Weisheit und Verstand
Mit Lobe zu erhöhen
Die Äuglein, die so unverwandt
Nach mir gerichtet stehen?
Der volle Mond ist schön und klar,
Schön ist der güldnen Sterne Schar;
Dies' Äuglein sind viel schöner.

---

1) zugericht(et). — 2) nämlich dich ansehen.

O daß doch so ein lieber Stern
Soll in der Krippen liegen!
Für edle Kinder großer Herrn
Gehören güldne Wiegen.
Ach, Heu und Stroh ist viel zu schlecht:
Sammt, Seiden, Purpur wären recht
Dies Kindlein drauf zu legen.

Nehmt weg das Stroh, nehmt weg das Heu,
Ich will mir Blumen holen,
Daß meines Heilands Lager sei
Auf Kränzen und Violen;
Mit Tulpen, Nelken, Rosmarin
Aus schönen Gärten will ich ihn
Von oben her bestreuen.

Zur Seiten will ich hier und dar
Viel weiße Lilien stecken:
Die sollen deiner Äuglein Paar
Im Schlafe sanft bedecken.
Doch liebt viel mehr das dürre Gras
Dies Kindelein, als alles das,
Was ich hier nenn und denke.

Du fragest nicht nach Lust der Welt,
Noch nach des Leibes Freuden:
Du hast dich bei uns eingestellt
An unser Statt zu leiden;
Suchst meiner Seelen Herrlichkeit
Durch dein selbsteignes Herzeleid:
Des will ich dir nicht wehren.

Eins aber, hoff ich, wirst du mir,
Mein Heiland, nicht versagen:
Daß ich dich möge für und für
In meinem Herzen tragen.
Drum laß mich doch dein Kripplein sein:
Komm, komm und lege bei mir ein
Dich und all deine Freuden.

Zwar sollt ich denken, wie gering
Ich dich bewirten werde:
Du bist der Schöpfer aller Ding,
Ich bin nur Staub und Erde:
Doch du bist so ein frommer Gast,
Daß du noch nie verschmähet hast
Den, der dich gerne siehet.

10. An das leidende Antlitz Jesu Christi.
(Aus der Mittenwalder Zeit.)

O Haupt voll Blut und Wunden,
Voll Schmerz und voller Hohn!
O Haupt, zu Spott gebunden
Mit einer Dornenkron!
O Haupt, sonst schön gezieret
Mit höchster Ehr und Zier,
Jetzt aber hoch schimpfieret,
Gegrüßet seist du mir!

Du edles Angesichte,
Dafür sonst schrickt und scheut
Das große Weltgewichte,[1]
Wie bist du so bespeit!
Wie bist du so erbleichet!
Wer hat dein Augenlicht,
Dem sonst kein Licht nicht gleichet,
So schändlich zugericht?

---

[1] = Weltwesen, Weltgebäude; ahd. wiht, gawihti Etwas, res, substantia; (niwiht — nichts).

Hymnus ad faciem Christi in cruce pendentis
von Bernardus Claravallensis († 1153).

Salve caput cruentatum,
Totum spinis coronatum,
Conquassatum, vulneratum,
Arundine verberatum,
Facie sputis illita.

Salve, cuius dulcis vultus
Immutatus et incultus
Immutavit suum florem.
Totus versus in pallorem,
Quem coeli tremit curia.

Die Farbe deiner Wangen,
Der roten Lippen Pracht
Ist hin und ganz vergangen:
Des blassen Todes Macht
Hat alles hingenommen,
Hat alles hingerafft,
Und daher bist du kommen
Von deines Leibes Kraft.¹

Nun, was du, Herr, erduldet,
Ist alles meine Last:
Ich hab es selbst verschuldet,
Was du getragen hast.
Schau her, hie steh ich Armer,
Der Zorn verdienet hat;
Gieb mir, o mein Erbarmer,
Den Anblick deiner Gnad.²

Erkenne mich, mein Hüter,
Mein Hirte, nimm mich an!
Von dir, Quell aller Güter,
Ist mir viel Guts gethan;
Dein Mund hat mich gelabet
Mit Milch und süßer Kost,
Dein Geist hat mich begabet
Mit mancher Himmelslust.

Ich will hie bei dir stehen,
Verachte mich doch nicht,
Von dir will ich nicht gehen,
Wann dir dein Herze bricht;

1) d. h. hast du deines Leibes Kraft verloren. — 2) vgl. Jes. 53, 5.

Omnis vigor atque viror
Hinc recessit, non admiror,
Mors apparet in adspectu.
Totus pendens in defectu.
Attritus aegra macie.
Sic affectus, sic despectus
Propter me sic interfectus.
Peccatori tam indigno
Cum amoris in te signo
Appare clara facie.

In hac tua passione
Me agnosce, pastor bone,
Cuius sumpsi mel ex ore
Haustum lactis ex dulcore
Prae omnibus delitiis.
Non me reum aspernoris
Nec indignum dedigneris,
Morte tibi iam vicina
Tuum caput hic inclina,
In meis pausa brachiis.

45. Wann dein Herz wird erblassen
Im letzten Todesstoß,
Alsdann will ich dich fassen
In meinen Arm und Schoß.

Es dient zu meinen Freuden
Und kommt mir herzlich wohl,
Wenn ich in deinem Leiden,
Mein Heil, mich finden soll.
Ach möcht ich, o mein Leben,
An deinem Kreuze hier
55 Mein Leben von mir geben,
Wie wohl geschähe mir!

Ich danke dir von Herzen,
O Jesu, liebster Freund,
Für deines Todes Schmerzen,
60 Da dus so gut gemeint.
Ach, gieb, daß ich mich halte
Zu dir und deiner Treu,
Und wenn ich nun erkalte,
In dir mein Ende sei.

65 Wann ich einmal soll scheiden,
So scheide nicht von mir;
Wann ich den Tod soll leiden,
So tritt du dann herfür;
Wann mir am allerbängsten
70 Wird um das Herze sein,
So reiß mich aus den Ängsten
Kraft deiner Angst und Pein.

Tuae sanctae passioni
Me gauderem interponi.
In hac cruce tecum mori
Praesta crucis amatori!
Sub cruce tua moriar.
Morti tuae iam amarae
Grates ago, Jesu care,
Qui es clemens, pie Deus,
Fac quod petit tuus reus,
Ut absque te non finiar.

Dum me mori est necesse,
Noli mihi tunc deesse,
In tremenda mortis hora
Veni, Jesu, absque mora,
Tuere me et libera!
Cum me iubes emigrare,
Jesu care, tunc appare,
O amator amplectende,
Temet ipsum tunc ostende
In cruce salutifera.

Erscheine mir zum Schilde,
Zum Trost in meinem Tod,
Und laß mich sehn dein Bilde
In deiner Kreuzesnot:
Da will ich nach dir blicken,
Da will ich glaubensvoll
Dich fest an mein Herz drucken.
Wer so stirbt, der stirbt wohl.¹

11. Osterlied.
(Aus dem ersten Berliner Aufenthalte.)
(Gekürzt.)

Auf, auf, mein Herz, mit Freuden
Nimm wahr, was heut geschicht;²
Wie kömmt nach großen Leiden
Nun ein so großes Licht!
Mein Heiland war gelegt
Da, wo man uns hinträgt,
Wann von uns unser Geist
Gen Himmel ist gereist.

Er war ins Grab gesenket,
Der Feind trieb³ groß Geschrei:
Eh ers vermeint und denket,
Ist Christus wieder frei
Und ruft: Viktoria!
Schwingt fröhlich hier und da
Sein Fähnlein als ein Held,
Der Feld und Mut behält.

Die Höll und ihre Rotten,
Die krümmen mir kein Haar;
Der Sünden kann ich spotten,
Bleib allzeit ohn Gefahr.

---

1) Diese Worte sprach Luther nach dem Begräbnis seiner Tochter Lene. — 2) richtige alte Form für geschieht. — 3) richtige alte Form für trieb.

Der Tod mit seiner Macht
Wird nichts bei mir geacht;[1]
Er bleibt ein totes Bild
Und wär er noch so wild.

25 Die Welt ist mir ein Lachen
Mit ihrem großen Zorn,
Sie zürnt und kann nichts machen,
All Arbeit ist verlorn;
Die Trübsal trübt mir nicht
30 Mein Herz und Angesicht,
Das Unglück ist mein Glück,
Die Nacht mein Sonnenblick.

Ich hang und bleib auch hangen
An Christo als ein Glied;
35 Wo mein Haupt durch ist gangen,[2]
Da nimmt er mich auch mit.
Er reiset durch den Tod,
Durch Welt, durch Sünd, durch Not;
Er reiset durch die Höll,[3]
40 Ich bin stets sein Gesell.

Er bringt mich an die Pforten,
Die in den Himmel führt,
Daran mit güldnen Worten
Der Reim gelesen wird:
45 „Wer dort wird mit verhöhnt,
Wird hier auch mit gekrönt:
Wer dort mit sterben geht,
Wird hier auch mit erhöht."

---

1) geacht(et). — 2) nämlich Christus durch den Tod. — 3) mit Bezug auf die Höllenfahrt Christi d. h. seine Predigt unter den abgeschiedenen Seelen.

12. Dank-Lied vor die Verkündigung des Friedens.

(Aus dem ersten Berliner Aufenthalte, nach dem Frieden von Osnabrück und Münster.)

 Gott Lob, nun ist erschollen
Das edle Fried- und Freudenswort,
Daß nunmehr ruhen sollen
Die Spieß und Schwerter und ihr Mord.
5 Wohlauf und nimm nu wieder
Dein Saitenspiel hervor,
O Deutschland, und sing Lieder
Im hohen, vollem¹ Chor.
 Erhebe dein Gemüte
10 Zu deinem Gott und sprich:
Herr, deine Gnad und Güte
Bleibt dennoch ewiglich.

 Wir haben nichts verdienet,
Als schwere Straf und großen Zorn,
15 Weil stets noch bei uns grünet
Der freche, schnöde Sündendorn.
Wir sind fürwahr geschlagen
Mit harter, scharfer Rut,
Und dennoch muß man fragen:
20 Wer ist, der Buße thut?
Wir sind und bleiben böse,
Gott ist und bleibet treu,
Hilft, daß sich bei uns löse
Der Krieg und sein Geschrei.

25 Sei tausendmal willkommen,
Du teure, werte Friedensgab!
Jetzt sehn wir, was für Frommen
Dein Bei-uns-wohnen in sich hab.
In dir hat Gott versenket
30 All unser Glück und Heil;
Wer dich betrübt und kränket,
Der drückt sich selbst den Pfeil
Des Herzleids in das Herze
Und löscht aus Unverstand
35 Die güldne Freudenkerze
Mit seiner eignen Hand.

---

1) s. oben S. 45, Anm. 3.

Das drückt uns niemand besser
In unser Seel und Herz hinein,
Als ihr zerstörten Schlösser
10 Und Städte voller Schutt und Stein;
Ihr vormals schönen Felder,
Mit frischer Saat bestreut,
Jetzt aber lauter Wälder
Und dürre wüste Haid;
15 Ihr Gräber voller Leichen
Und blutgen Heldenschweiß[1]
Der Helden, derer gleichen
Auf Erden man nicht weiß!

Hier trübe deine Sinnen,
50 O Mensch, und laß die Thränenbach[2]
Aus beiden Augen rinnen!
Geh in dein Herz und denke nach:
Was Gott bisher gesendet,
Das hast du ausgelacht;
55 Nun hat er sich gewendet
Und väterlich bedacht,
Vom Grimm und scharfen Dringen
Zu deinem Heil zu ruhn,
Ob er dich möchte zwingen
60 Mit Lieb und Gutes thun.

Ach laß dich doch erwecken,
Wach auf, wach auf, du harte Welt,
Eh als das letzte Schrecken
Dich schnell und plötzlich überfällt.
65 Wer aber Christum liebet,
Sei unerschrocknes Muts;
Der Friede, den er giebet,
Bedeutet alles Guts.
Er will die Lehre geben:
70 Das Ende naht herzu;
Da sollt ihr bei Gott leben
In ewgem Fried und Ruh.

---

1) voll blutgen Heldenschweißes oder voll von blutgen (— m) Hel=
denschweiß. — 2) Singul. die Bach in Mittel= und Niederdeutschland,
s. oben S. 13, 6.

XVII.
Michael Schirmer.

(Geb. 1606 in Leipzig, wo er auch studierte, starb 1673 als Conrektor am Gymnasium zum Grauen Kloster in Berlin. Im Geb. buch sind u. a. noch die L. der „O Gott, der du das Firmament", „Nun jauchzet all ihr Frommen". Auch tdem ist er Verfasser von Gelegenheitsgedichten, geistlichen Schauspielen und einer Übersetzung von Vergils Aeneis in Alexandrinern.)

Jef. 11, 2.

O heilger Geist, lehr bei uns ein
Und laß uns deine Wohnung sein,
O komm, du Herzensonne!
Du Himmelslicht, laß deinen Schein
5 Bei uns und in uns kräftig sein
Zu steter Freud und Wonne.
    Sonne,
    Wonne,
Himmlisch Leben willst du geben, wenn wir beten;
10 Zu dir kommen wir getreten.

Du Quell, draus alle Weisheit fleußt,
Die sich in fromme Seelen geußt,
Laß deinen Trost uns hören,
Daß wir in Glaubenseinigkeit
15 Auch können aller Christenheit
Dein wahres Zeugnis lehren.
    Höre,
    Lehre,
Daß wir können Herz und Sinnen dir ergeben,
20 Dir zum Lob und uns zum Leben.

Steh uns stets bei mit deinem Rat
Und führ uns selbst den rechten Pfad,
Die wir den Weg nicht wissen;
Gieb uns Beständigkeit, daß wir
25 Getreu dir bleiben für und für,
Wann wir uns[1] leiden müssen.
    Schaue,
    Baue,
Was zurissen[2] und geflissen, dich zu schauen
30 Und auf deinen Trost zu bauen.

1) dat. eth. — 2) zerrissen.

Laß uns dein edle Balsamkraft
Empfinden und zur Ritterschaft
Dadurch gestärket werden:
Auf daß wir unter deinem Schutz
Begegnen aller Feinde Trutz
Mit freudigen Gebärden;
 Laß dich
 Reichlich
Auf uns nieder, daß wir wieder Trost empfinden,
Alles Unglück überwinden.

 O starker Fels und Lebenshort,
Laß uns dein himmelsüßes Wort
In unsern Herzen brennen,
Daß wir uns mögen nimmermehr
Von deiner Weisheit reichen Lehr
Und deiner Liebe trennen.
 Fließe,
 Gieße
Deine Güte ins Gemüte, daß wir können
Christum unsern Heiland nennen.

 Du süßer Himmelstau, laß dich
In unsre Herzen kräftiglich
Und schenk uns deine Liebe;
Daß unser Sinn verbunden sei
Dem Nächsten stets mit Liebestreu
Und sich darinnen übe;
 Kein Neid,
 Kein Streit
Dich betrübe; Fried und Liebe müssen schweben,
Fried und Freude wirst du geben.

 Gieb, daß in reiner Heiligkeit
Wir führen unsre Lebenszeit,
Sei unsers Geistes Stärke:
Daß uns forthin sei unbewußt
Die Eitelkeit, des Fleisches Lust
Und seine toten Werke.
 Rühre,
 Führe
Unser Sinnen und Beginnen von der Erden,
Daß wir Himmelserben werden.

XVIII.
Christian Keimann.

Geboren 1607 zu Pankr... in Böhmen, in Zitt... und Wittenberg vorgebildet, später Rektor des Gymnasiums in Zittau, starb 1662. Von seinen geistlichen Liedern sind außer dem hier mitgeteilten noch bekannt: "Freut e.[?] ihr Christen alle", "Hosianna, Davids Sohn", "Meine Seele Gott erhebt." Außerdem hat er auch Dramen gedichtet, die er mit seinen Schülern aufführte.

Meinen Jesum laß ich nicht;
Weil er sich für mich gegeben,
So erfodert meine Pflicht,
Klettenweis' an ihm zu kleben.
5 Er ist meines Lebens Licht:
Meinen Jesum laß ich nicht.

Jesum laß ich nimmer nicht,
Weil[1] ich soll auf Erden leben;
Ihm hab ich voll Zuversicht,
10 Was ich bin und hab, ergeben.
Alles ist auf ihn gericht;[2]
Meinen Jesum laß ich nicht.

Laß vergehen das Gesicht,
Hören, Schmecken, Fühlen weichen;
15 Laß das letzte Tageslicht
Mich auf dieser Welt erreichen,
Wenn der Lebensfaden bricht:
Meinen Jesum laß ich nicht.

Ich werd ihn auch lassen nicht,
20 Wenn ich nun dahin gelanget,
Wo vor seinem Angesicht
Frommer Christen Glaube pranget.
Mich erfreut sein Angesicht;
Meinen Jesum laß ich nicht.

25 Nicht nach Welt, nach Himmel nicht
Meine Seele wünscht und stöhnet;
Jesum wünsch ich und sein Licht,
Der mich hat mit Gott versöhnet,
Der mich freiet vom Gericht:
30 Meinen Jesum laß ich nicht.

1) während, so lange als. — 2) gerichtet.

Jesum laß ich nicht von mir,
Geh ihm ewig an der Seiten.
Christe, laß mich für und für
Zu dem Lebensbächlein leiten!
35 Selig, wer mit mir so spricht:
Meinen Jesum laß ich nicht.

XIX.
Samuel Rodigast.

Geboren 1649 in Graben bei Jena, studierte in Jena, seit 1680 in Berlin, starb daselbst 1708 als Rektor des Grauen Klosters.

Was Gott thut, das ist wohlgethan!
Es ist gerecht sein Wille.
Wie er fängt meine Sachen an,
Will ich ihm halten stille.
5 Er ist mein Gott,
Der in der Not
Mich wohl weiß zu erhalten:
Drum laß ich ihn nur walten.

Was Gott thut, das ist wohlgethan!
10 Er wird mich nicht betrügen,
Er führet mich auf rechter Bahn:
So laß ich mich begnügen
An seiner Huld
Und hab Geduld,
15 Er wird mein Unglück wenden,
Es steht in seinen Händen.

Was Gott thut, das ist wohlgethan!
Er wird mich wohl bedenken;
Er, als mein Arzt und Wundermann,
20 Wird mir nicht Gift einschenken
Für Arzenei;
Gott ist getreu;
Drum will ich auf ihn bauen
Und seiner Güte trauen.

5 Was Gott thut, das ist wohlgethan!
Er ist mein Licht und Leben,
Der mir nichts Böses gönnen kann;
Ich will mich ihm ergeben
In Freud und Leid:
Es kommt die Zeit,
Da öffentlich erscheinet,
Wie treulich er es meinet.

Was Gott thut, das ist wohlgethan!
Muß ich den Kelch gleich schmecken,
Der bitter ist nach meinem Wahn:
Laß ich mich doch nicht schrecken,
Weil doch zuletzt
Ich werd ergötzt
Mit süßem Trost im Herzen,
Da weichen alle Schmerzen.

Was Gott thut, das ist wohlgethan!
Dabei will ich verbleiben;
Es mag mich auf die rauhe Bahn
Not, Tod und Elend treiben:
So wird Gott mich
Ganz väterlich
In seinen Armen halten:
Drum laß ich ihn nur walten.

XX.
Georg Neumark.

Geboren 1621 zu Langensalza, studierte zu Kiel und Königsberg unter schwierigen Verhältnissen, welche auch das hier mitgeteilte Lied veranlaßten, und starb 1681 als Archivsekretär Herzog Wilhelms IV. von Weimar. Er war Mitglied der Fruchtbringenden Gesellschaft und des Pegnitzordens (s. Nr. XV) und verfaßte außer seinen geistlichen Liedern auch viele weltliche lyrische, epische und dramatische Dichtungen.

Wer nur den lieben Gott läßt walten
Und hoffet auf Ihn allezeit,
Den wird er wunderlich erhalten
In allem Kreuz und Traurigkeit.
5 Wer Gott, dem allerhöchsten, traut,
Der hat auf keinen Sand gebaut.

Was helfen uns die schweren Sorgen?
Was hilft uns unser Weh und Ach?
Was hilft es, daß wir alle Morgen
10 Beseufzen unser Ungemach?
Wir machen unser Kreuz und Leid
Nur größer durch die Traurigkeit.

Man halte nur ein wenig stille
Und sei doch in sich selbst vergnügt,
15 Wie unsers Gottes Gnadenwille,
Wie sein Allwissenheit es fügt.
Gott, der uns ihm hat auserwählt,
Der weiß auch sehr wohl, was uns fehlt.

Er kennt die rechten Freudenstunden,
20 Er weiß wohl, wann es nützlich sei;
Wenn er uns nur hat treu erfunden
Und merket keine Heuchelei:
So kommt Gott, eh wirs uns versehn,
Und lässet uns viel Guts geschehn.

25 Denk nicht in deiner Drangsalshitze,
Daß du von Gott verlassen seist,
Und daß Gott dem im Schoße sitze,

Der sich mit stetem Glücke speist.
Die Folgezeit verändert viel
30 Und setzet jeglichem sein Ziel.

Es sind ja Gott sehr schlechte Sachen
Und ist dem Höchsten alles gleich,
Den Reichen klein und arm zu machen,
Den Armen aber groß und reich.
35 Gott ist der rechte Wundermann,
Der bald erhöhn, bald stürzen kann.

Sing, bet und geh auf Gottes Wegen,
Verricht das Deine nur getreu
Und trau des Himmels reichem Segen,
40 So wird er bei dir werden neu;
Denn welcher seine Zuversicht
Auf Gott setzt, den verläßt er nicht.

XXI.
Von unbekannten Verfassern.

Du bist der Schönste unter den Menschenkindern.
Ps. 45, 3.

Schönster Herr Jesu,
Herrscher aller Enden,
Gottes und Marien Sohn,
Dich will ich lieben,
5 Dich will ich ehren,
Meines Herzens Freud und Kron.

Schön sind die Wälder,
Schöner sind die Felder
In der schönen Frühlingszeit!
10 Jesus ist schöner,
Jesus ist reiner,
Der unser traurig Herz erfreut.

Schön leucht die Sonne,
Schön leucht der Monde
15 Und die Sternlein allzumal.
Jesus leucht schöner,
Jesus leucht reiner
Als all die Engel im Himmelssaal.

Schön sind die Blumen,
20 Schöner sind die Menschen,
Die in frischer Jugend sein:
Sie müssen sterben,
Müssen verderben:
Jesus lebt in Ewigkeit.

25 Alle die Schönheit
Himmels und der Erden
Sind verfaßt in dir allein.
Keiner soll werden
Lieber auf Erden
30 Als der schönste Jesus mein.

Auferstehungslied.

Ein Lieblingslied der Kurfürstin Luise Henriette von Branden=
burg, der Gemahlin des Großen Kurfürsten, gebornen Prinzessin von
Oranien, angeblich von ihr verfaßt, doch hat sie nachweislich die deutsche
Sprache nicht so beherrscht, daß sie ein solches Lied hätte dichten können.

Jesus, meine Zuversicht,
Und mein Heiland ist im Leben:
Dieses weiß ich; sollt ich nicht
Darum mich zufrieden geben,
5 Was die lange Todesnacht
Mir auch für Gedanken macht?

Jesus, er mein Heiland, lebt,
Ich werd auch das Leben schauen,
Sein, wo mein Erlöser schwebt;
10 Warum sollte mir denn grauen?
Lässet auch ein Häupt sein Glied,
Welches es nicht nach sich zieht?

Ich bin durch der Hoffnung Band
Zu genau mit ihm verbunden!
15 Meine starke Glaubenshand
Wird in ihm gelegt befunden,
Daß mich auch kein Todesbann
Ewig von ihm trennen kann.

Ich bin Fleisch und muß daher
20 Auch einmal zur Asche werden;
Das gesteh ich, doch wird er
Mich erwecken aus der Erden,
Daß ich in der Herrlichkeit
Um ihn sein mög allezeit.

25 Dann wird eben diese Haut
Mich umgeben, wie ich gläube:
Gott wird werden angeschaut
Dann von mir in diesem Leibe,
Und in diesem Fleisch werd ich
30 Jesum sehen ewiglich.

Dieser meiner Augen Licht
Wird ihn, meinen Heiland, kennen;
Ich, ich selbst, kein Fremder nicht,
Werd in seiner Liebe brennen;
35 Nur die Schwachheit um und an
Wird von mir sein abgethan.

Was hier kranket, seufzt und fleht,
Wird dort frisch und herrlich gehen;
Irdisch werd ich ausgesät,
40 Himmlisch werd ich auferstehen;
Hier geh ich natürlich ein,
Nachmals werd ich geistlich sein.

Seid getrost und hoch erfreut,
Jesus trägt euch, meine Glieder!
45 Gebt nicht statt der Traurigkeit!
Sterbt ihr, Christus ruft euch wieder,

---

1) V. 25—36 nach Hiob 19, 25—27.

Wann die letzt Posaun erklingt,
Die auch durch die Gräber dringt.

Lacht der finstern Erdenlust,
50 Lacht des Todes und der Höllen,
Denn ihr sollt euch durch die Luft
Eurem Heiland zugesellen.
Dann wird Schwachheit und Verdruß
Liegen unter eurem Fuß.

55 Nur, daß ihr den Geist erhebt
Von den Lüften dieser Erden
Und euch dem schon itzt ergebt,
Dem ihr beigefügt sollt werden.
Schickt das Herze da hinein,
60 Wo ihr ewig wünscht zu sein.

Gebet.

Angeblich von Josua (Johann?) Stegmann, geb. 1588 zu Sulzfeld bei Meiningen, gest. 1632 als Professor der Theologie in Rinteln.

Ach bleib mit deiner Gnade
Bei uns, Herr Jesu Christ,
Daß uns hinfort nicht schade
Des bösen Feindes List!

5 Ach bleib mit deinem Worte
Bei uns, Erlöser wert,
Daß uns beid[1], hie und dorte,
Sei Güt und Heil beschert.

Ach bleib mit deinem Glanze
10 Bei uns, du wertes Licht,
Dein Wahrheit uns umschanze,
Damit wir irren nicht.

---

1) beid = beides (sowohl — als auch).

XXI. Von unbekannten Verfassern.

1. Ach bleib mit deinem Segen
Bei uns, du reicher Herr,
Dein Gnad und alls Vermögen
In uns reichlich vermehr!

2. Ach bleib mit deinem Schutze
Bei uns, du starker Held,
Daß uns der Feind nicht trutze,
Noch fäll die böse Welt!

3. Ach bleib mit deiner Treue
Bei uns, mein Herr und Gott,
Beständigkeit verleihe,
Hilf uns aus aller Not!

C.

Der jüngere schlesische Kreis und Verwandte.

Neben dem Gerhardtschen Kreis traten im Verlaufe der zweiten Hälfte des Jahrhunderts Dichter, welche das persönliche Empfinden immer stärker hervortreten ließen. Eine gewisse Überschwänglichkeit, zum Teil schon mit einem Anfluge von Mystik, ist daher das Eigentümliche ihrer Lieder oder besser Hymnen. Ihren Ausgang nahm die Richtung wieder von Schlesien als ein — freilich viel gesunderes — Seitenstück zur sogenannten zweiten schlesischen Schule (Einl. S. 4 u. 6). Den Gipfel und zugleich das in Geschmacklosigkeit ausartende Übermaß derselben bezeichnet der schon in das folgende Jahrhundert gehörende Graf Zinzendorf. Ausgewählt sind hier die besten Lieder, welche sich noch in den Grenzen edler Begeisterung halten.

XXII.

Johann Scheffler (Angelus Silesius).

(Geb. 1624 zu Breslau, studierte in Straßburg, Leyden und Padua, nahe befreundet
dem Horst in Öls, trat 1653 zur katholischen Kirche über, nannte sich seitdem Angelus
und starb 1677 als Priester im Matthias Stift zu Breslau. Eine Sammlung seiner
Lieder erschien unter dem Titel „Heilige Seelenlust", Breslau 1657, darin auch das
bekannte „Liebe, die du mich zum Bilde.")

1. Aus den geistlichen Hirtenliedern der in ihren Jesum verliebten Psyche.

Ich will dich lieben, meine Stärke,
Ich will dich lieben, meine Zier!
Ich will dich lieben mit dem Werke
Und immer währender Begier;
5 Ich will dich lieben, schönstes Licht,
Bis mir das Herze bricht.

Ich will dich lieben, o mein Leben,
Als meinen allerbesten Freund;
Ich will dich lieben und erheben,
10 So lange mich dein Glanz bescheint;
Ich will dich lieben, Gottes Lamm,
Als meinen Bräutigam!

Ach daß ich dich so spät erkennet,
Du hochgelobte Schönheit du!
15 Und dich nicht eher mein genennet,
Du höchstes Gut und wahre Ruh!
Es ist mir leid und bin betrübt,
Daß ich so spät geliebt.

Ich lief verirrt und war verblendet;
20 Ich suchte dich, und fand dich nicht;
Ich hatte mich von dir gewendet
Und liebte das geschaffne Licht:
Nun aber ists durch dich geschehn,
Daß ich dich hab ersehn.

25 Ich danke dir, du wahre Sonne,
Daß mir dein Glanz hat Licht gebracht;
Ich danke dir, du Himmelswonne,
Daß du mich froh und frei gemacht;
Ich danke dir, du güldner Mund,
30 Daß du mich machst gesund.

Erhalte mich in deinen Stegen
Und laß mich nicht mehr irre gehn;
Laß meinen Fuß in deinen Wegen
Nicht straucheln oder stille stehn:
35 Erleucht mir Leib und Seele ganz,
Du starker Himmelsglanz!

Gieb meinen Augen süße Thränen,
Gieb meinem Herzen keusche Brunst!
Laß meine Seele sich gewöhnen
40 Zu üben in der Liebe Kunst;
Laß meinen Sinn, Geist und Verstand
Stets sein zu dir gewandt.

Ich will dich lieben, meine Kronen,[1]
Ich will dich lieben, meinen Gott,
45 Ich will dich lieben ohne Lohnen
Auch in der allergrößten Not;
Ich will dich lieben, schönstes Licht,
Bis mir das Herze bricht.

2. Nachfolge Christi.

Mir nach! spricht Christus, unser Held:
Mir nach, ihr Christen alle!
Verleugnet euch, verlaßt die Welt,
Folgt meinem Ruf und Schalle:
5 Nehmt euer Kreuz und Ungemach
Auf euch, folgt meinem Wandel nach.

Ich bin das Licht, ich leucht euch für
Mit heilgem Tugendleben;
Wer zu mir kommt und folget mir,
10 Darf nicht im Finstern schweben.

---

1) schwacher Acc. Sing.

Ich bin der Weg, ich weiſe wohl,
Wie man wahrhaftig wandeln ſoll.
Mein Herz iſt voll Demütigkeit,
Voll Liebe meine Seele;
Mein Mund, der fleußt zu jeder Zeit
Von ſüßem Sanftmutsöle;
Mein Geiſt, Gemüte, Kraft und Sinn
Iſt Gott ergeben, ſchaut auf ihn.

Ich zeig euch das, was ſchädlich iſt,
Zu fliehen und zu meiden,
Und euer Herz von arger Liſt
Zu reinigen und zu ſcheiden.
Ich bin der Seelen Fels und Hort
Und fuhr euch zu der Himmelspfort.

Fällts euch zu ſchwer, ich geh voran,
Ich ſteh euch an der Seite;
Ich kämpfe ſelbſt, ich brech die Bahn,
Bin alles in dem Streite.
Ein böſer Knecht, der ſtill darf ſtehn,
Wenn er den Feldherrn ſieht angehn!

Wer ſeine Seel zu finden meint,
Wird ſie ohn mich verlieren;
Wer ſie bei mir verlieren ſcheint,
Wird ſie in Gott einführen.
Wer nicht ſein Kreuz nimmt und folgt mir,
Iſt mein nicht wert und meiner Zier.

So laßt uns denn dem lieben Herrn
Mit Leib und Seel nachgehen
Und wohlgemut, getroſt und gern
Bei ihm im Leiden ſtehen:
Denn wer nicht kämpft, trägt auch die Kron
Des ewgen Lebens nicht davon.

Geiſtreiche Sinn- und Schlußreimen.

1. Die Ruhe iſt das höchſte Gut.

Ruh iſt das höchſte Gut: und wäre Gott nicht Ruh,
Ich ſchlöſſe vor ihm ſelbſt mein Augen beide zu.

2. Die Augen der Seele.

Zwei Augen hat die Seel: eins schauet in die Zeit,
Das andre richtet sich hin in die Ewigkeit.

3. Der eigene Wille stürzt alles.

Auch Christus, wär in ihm ein kleiner eigner Wille,
Wie selig er auch ist, Mensch, glaube mir, er fiele.

4. Der Weise fehlt nie des Zieles.

Der Weise fehlet nie, er trifft allzeit das Ziel:
Er hat ein Augenmaß, das heißet „wie Gott will."

5. Der Reiche ist wahrhaft arm.

Der Reiche, wann er viel von seiner Armut spricht,
So glaub es ihm nur gern: er lügt wahrhaftig nicht.

6. Anmaßung ist der Fall.

Mensch, ist was Guts in dir, so maße dichs nicht an:
Sobald du dirs schreibst zu, so ist der Fall gethan.

7. Wenn der Mensch Gott ist.

Eh als ich Ich noch war, da war ich Gott in Gott,
Drum kann ichs wieder sein, wenn ich nur mir bin tot.

8. Der nächste Weg zu Gott.

Der nächste Weg zu Gott ist durch der Liebe Thür:
Der Weg der Wissenschaft bringt dich gar langsam für.

9. Gott schätzt die Werke nach dem Wesen.

Mensch, des Gerechten Schlaf ist mehr bei Gott geacht[1]
Als was der Sünder bet[2] und singt die ganze Nacht.

---

1) geacht(et). — 2) bet(et).

XXIII.
Christian Knorr von Rosenroth.

(Geb. 1636 zu Alt Rauden in Schlesien, studirte zu Leipzig und Wittenberg, starb 1689 als Kanzler der Oelsschen in Sulzbach. Unter seinen geistlichen Liedern ist das folgende besonders berühmt geworden.)

Morgenlied.

Morgenglanz der Ewigkeit,
Licht vom unerschöpften Lichte,
Schick uns diese Morgenzeit
Deine Strahlen zu Gesichte
5 Und vertreib durch deine Macht
Unsre Nacht!

Deiner Güte Morgentau
Fall in unser matt Gewissen;
Laß die dürre Lebensau
10 Lauter süßen Trost genießen
Und erquick uns, deine Schar,
Immerdar.

Die bewölkte Finsternis
Sei vor deinem Glanz entflohen,
15 Die durch Adams Apfelbiß
Uns, die kleine Welt,[1] bezogen:
Daß wir, Herr, durch deinen Schein
Selig sein.

Gieb, daß deiner Liebe Glut
20 Unsre kalten Werke töte,
Und erweck uns Herz und Mut
Bei erstandner Morgenröte,
Daß wir, eh wir gar vergehn,
Recht aufstehn.

25 Laß uns ja der Sünden Kleid
Durch des Bundes Blut vermeiden,
Daß uns die Gerechtigkeit
Mög als wie ein Rock bekleiden
Und wir so vor aller Pein
30 Sicher sein.

1) Der Mensch, der Mikrokosmos.

Ach, du Aufgang aus der Höh,
Gieb, daß auch am jüngsten Tage
Unser Leichnam auferſteh
Und, entfernt von aller Plage,
5 Sich auf jener Freudenbahn
Freuen kann.

Leucht uns ſelbſt in jene Welt,
Du verklärte Gnadenſonne!
Führ uns durch das Thränenfeld
10 In das Land der ſüßen Wonne,
Da die Luſt, die uns erhöht,
Nie vergeht.

XXIV.
Ahasverus Fritſch.

Geb. 1629 zu Micheln in Sachſen, ſtudierte in Jena, wurde Fürſtlich-Rudolſtädtiſcher Konſiſtorialpräſident und ſtarb in Rudolſtadt als Kanzler 1701.

Wie herrlich iſt die neue Welt,
Die Gott den Frommen vorbehält!
Kein Menſch kann ſie erwerben.
O Jeſu, Herr der Herrlichkeit,
5 Du haſt die Stätt auch mir bereit,[1]
Hilf mir die Stätt ererben!
Weiſe
Preiſe
Ihre Kräfte, ihr Geſchäfte mir Elenden;
10 Laß mich auf den Anblick enden![2]

1) bereitet. — 2) letzte Strophe des Liedes „Iſt's oder iſt mein Geiſt entzückt", von Kaiſer Friedrich III. beſonders geſchätzt.

XXV.

Johann Jakob Schütz.

Geb. 1640 zu Frankfurt a. M., Freund Spener's, gest. daselbst 1690 als Docent.

    Sei Lob und Ehr dem höchsten Gut,
    Dem Vater aller Güte,
    Dem Gott, der alle Wunder thut,
    Dem Gott, der mein Gemüte
5 Mit seinem reichen Trost erfüllt,
    Dem Gott, der allen Jammer stillt:
    Gebt unserm Gott die Ehre!

    Es danken dir die Himmelsheer,
    O Herrscher aller Thronen!
10 Und die auf Erden, Luft und Meer
    In deinem Schatten wohnen,
    Die preisen deine Schöpfermacht,
    Die alles also wohl bedacht:
    Gebt unserm Gott die Ehre!

15 Was unser Gott erschaffen hat,
    Das will er auch erhalten;
    Darüber will er früh und spat
    Mit seiner Gnade walten;
    In seinem ganzen Königreich
20 Ist alles recht und alles gleich:
    Gebt unserm Gott die Ehre!

    Ich rief dem Herrn in meiner Not:
    Ach Gott, vernimm mein Schreien!
    Da half mein Helfer mir vom Tod
25 Und ließ mir Trost gedeihen:
    Drum dank, ach Gott, drum dank ich dir;
    Ach danket, danket Gott mit mir:
    Gebt unserm Gott die Ehre!

    Der Herr ist noch und nimmer nicht
30 Von seinem Volk geschieden;
    Er bleibet ihre Zuversicht,
    Ihr Segen, Heil und Frieden;

Mit Mutterhänden leitet er
Die Seinen stetig hin und her:
Gebt unserm Gott die Ehre!

Wenn Trost und Hilf ermangeln muß,
Die alle Welt erzeiget,
So kommt, so hilft der Überfluß,
Der Schöpfer selbst, und neiget
40 Die Vateraugen denen zu,
Die sonsten nirgends finden Ruh:
Gebt unserm Gott die Ehre!

Ich will dich all mein Leben lang,
O Gott, von nun an ehren:
45 Man soll, o Gott, dein¹ Lobgesang
An allen Orten hören.
Mein ganzes Herz ermuntre sich,
Mein Geist und Leib erfreue dich:
Gebt unserm Gott die Ehre!

50 Ihr, die ihr Christi Namen nennt,
Gebt unserm Gott die Ehre!
Ihr, die ihr Gottes Macht bekennt,
Gebt unserm Gott die Ehre!
Die falschen Götzen macht zu Spott:
55 Der Herr ist Gott, der Herr ist Gott!
Gebt unserm Gott die Ehre!

So kommet vor sein Angesicht
Mit jauchzenvollem Springen;
Bezahlet die gelobte Pflicht
60 Und laßt uns fröhlich singen:
Gott hat es alles wohl bedacht
Und alles, alles recht gemacht:
Gebt unserm Gott die Ehre!

---

1) dein(en).

XXVI.
Joachim Neander.

Lobe den Herren, den mächtigen König der Ehren,
Meine geliebete Seele, das ist mein Begehren!
Kommet zu Hauf!
Psalter und Harfe, wacht auf!
Lasset die Musikam hören.

Lobe den Herren, der alles so herrlich regieret,
Der dich auf Adelers Fittichen sicher geführet,
Der dich erhält,
Wie es dir selber gefällt!
Hast du nicht dieses verspüret?

Lobe den Herren, der künstlich und fein dich bereitet,
Der dir Gesundheit verliehen, dich freundlich geleitet!
In wie viel Not
Hat nicht der gnädige Gott
Über dir Flügel gebreitet!

Lobe den Herren, der deinen Stand sichtbar gesegnet,
Der aus dem Himmel mit Strömen der Liebe geregnet!
Denke daran,
Was der Allmächtige kann,
Der dir mit Liebe begegnet!

Lobe den Herren, was in mir ist, lobe den Namen!
Alles was Odem hat, lobe mit Abrahams Samen!
Er ist dein Licht;
Seele, vergiß es ja nicht,
Lobende, schließe mit Amen!

XXVII.

Joh. Mentzer.

Geb. 1658 zu Jahmen in der Oberlausitz, gest. als Pfarrer in Kemnitz bei Bern-stadt 1734.

(Gekürzt.)

O, daß ich tausend Zungen hätte
Und einen tausendfachen Mund,
So stimmt ich damit um die Wette
Vom allertiefsten Herzensgrund
5 Ein Loblied nach dem andern an
Von dem, was Gott an mir gethan.

O, daß doch meine Stimm erschallte
Bis dahin, wo die Sonne steht!
O, daß mein Blut mit Jauchzen wallte,
10 So lang es noch im Laufe geht!
Ach, wär ein jeder Puls ein Dank
Und jeder Odem ein Gesang!

Was schweigt ihr denn, ihr meine Kräfte?
Auf, auf, braucht allen euren Fleiß
15 Und stehet munter im Geschäfte
Zu Gottes, meines Herren Preis!
Mein Leib und Seele, schicke dich
Und lobe Gott herzinniglich!

Ihr grünen Blätter in den Wäldern,
20 Bewegt und regt euch doch mit mir!
Ihr schwanken Gräschen in den Feldern,
Ihr Blumen, laßt doch eure Zier
Zu Gottes Ruhm belebet sein
Und stimmet lieblich mit mir ein!

25 Ach alles, alles, was ein Leben
Und einen Odem in sich hat,
Soll sich mir zum Gehilfen geben,
Denn mein Vermögen ist zu matt,
Die großen Wunder zu erhöhn,
30 Die allenthalben um mich stehn.

Wer überströmet mich mit Segen?
Bist du es nicht, o reicher Gott?
Wer schützet mich auf meinen Wegen?
Du, du, o Herr Gott Zebaoth!
Du trägst mit meiner Sündenschuld
Unsäglich gnädige Geduld.

Ich hab es ja mein Lebetage
Schon so manch liebes Mal gespürt,
Daß du mich unter vieler Plage
Recht wunderbarlich hast geführt:
Denn in der größesten Gefahr
Ward ich dein Trostlied stets gewahr.

Wie sollt ich nun nicht voller Freuden
In deinem steten Lobe stehn?
Wie sollt ich auch im tiefsten Leiden
Nicht triumphierend einhergehn?
Und fiele auch der Himmel ein,
So will ich doch nicht traurig sein.

Ach, nimm das arme Lob auf Erden,
Mein Gott, in allen Gnaden hin!
Im Himmel soll es besser werden,
Wenn ich ein schöner Engel bin:
Da sing ich dir im höhern Chor
Viel tausend Halleluja vor.

XXVIII.
Ulrich Megerle
gen. Abraham a Santa Clara.

Geboren 1644 zu Krähenheinstetten in Baden, trat 1662 in den Augustinerorden, war zuerst Prediger im Kloster Taxa in Oberbayern, seit April 1677 Hofprediger in Wien, seit 1682 Prediger im Kloster St. Anna in Graz, dann wieder in Wien, wo er 1709 starb. Seine Predigten, welche allgemeine sociale und politische Verhältnisse beleuchteten, zeichneten sich durch Volkstümlichkeit, Humor und Witz aus, gerieten aber in der Verwendung packender Vergleiche und Wortspiele oft in das Possenhafte. Seine berühmteste Schrift „Auf, auf, ihr Christen!" verfaßte er in Graz im Frühjahr 1683. In Form von Volksreden beleuchtete er die von den herannahenden Türken drohende Gefahr (Belagerung Wiens und Befreiung desselben durch Johann Sobiesky noch in demselben Jahre) und ermahnte zur Buße und heldenmütigem Kampfe. Goethe machte Schiller später auf sie aufmerksam, und Schiller äußerte sich über Abraham in folgenden Worten: „Dieser Pater Abraham ist ein prächtiges Original, vor dem man Respekt bekommen muß, und es ist eine interessante und keineswegs leichte Aufgabe, es ihm zugleich in der Tollheit und in der Gescheidigkeit nach- oder gar vorzuthun." Er benutzte die Schrift zu seiner Kapuzinerpredigt in „Wallensteins Lager". Die folgende Auswahl ist mit besonderer Berücksichtigung der Kapuzinerpredigt getroffen.

Auf, auf, ihr Christen!

Das ist

Eine bewegliche Aufrüschung der christlichen Waffen wider den Türkischen Blut=Egel..... In Eil ohne Weil zusammengetragen durch

P. Fr. Abraham a S. Clara, Augustiner Barfüßer.

Auf, auf, ihr Christen! Der türkische Säbel ist vor der Thür.

Es giebt gemeiniglich wunderliche Zeichen und seltsame Begebenheiten, aus denen man künftige Krieg kann abnehmen, und wollen in dem Fall die Astrologie und Sternseher nicht das Kürzere ziehen, sondern hartmeinig behaupten, als seien gewisse Planeten und Himmels=Gestirn, dero Zusammenrückung einen unfehlbaren Krieg ausbrüten..... Es heftet der allmächtige Gott nicht selten andere Wunder-Ding an dem Himmel, die oft gar teutlich diesem oder jenem Reich ein bluetigen Krieg ankünden, dergleichen gewest jener große Komet, welcher ein ganzes Jahr wie ein feuriges Schwert am Himmel gehangen, und ein Verbot gewest der erschrecklichen Zerstörung zu Jerusalem. Anno 454 (so!) hat ein Komet vorgedeut den schädlichen Einfall des tyrannischen Attila. Anno 813, Anno 1101, Anno 1141, Anno 1211, Anno 1337, Anno 1144 haben die erschreckliche Komet lauter bluetige Kriegs-Empörungen angedeut, Anno 1530 ist der große, feurige Komet ein Vorbot gewest des großen Einfalls Solimanni, des Türken, in Hungarn und Teutschland, dazumalen er auch Wien belägert. Anno 1618 und 1619 hat der stark sichtbare Komet nach sich gezogen die allgemeine Aufruhr in ganz Europa....

Bei diesen unsern betrübten Zeiten hat es ebenfalls nicht gemangelt an etlichen Wunderding, wie man dann durch schriftliche Nachricht hat aus dem Römischen Reich, daß allbar ein ganze Schlacht Ordnung am Himmel gesehen worden;.... Der große und erschreckliche Komet mag wohl ein Ruethen gewest sein, die uns Gott in dies große Fenster gesteckt hat, wormit er uns ein harten Streich trohet; diesen lang geschweiften Komet haben wir in Oesterreich, Steyermark und andern benachbarten Ländern zum erstenmal gesehen an dem Festtag des H. Er; Martyris Stephani: es gebe der mildherzige Gott, daß er uns nicht auch einen Blutkampf der feindlichen Steinwurf bedeute, und damit uns der Edelstein Turkes zu keinem Elendstein werde.

Ungeacht doch alles dieses, dafern auch Himmel und Erden sollen und wollen stillschweigen, so schreien doch unsere häufige Sünden, und locken und laden ein barbarischen Säbel über unsere Köpf; wann schon der Zeiten die Flüß nicht zurückgehen, so gehet doch die Fromkeit und Forcht Gottes zuruck, bedeut das schon Krieg: wann schon die Erd nicht versinket, so sinkt doch alle Zucht und Ehrbarkeit zu Boden, bedeut das schon Krieg: wann schon die Sonn ihre Farb nicht verkehrt, so halt dermalen Treu und Redlichkeit wenig Farb, bedeut das schon Krieg: wann es schon kein Bluet regnet, wie vor diesem, so saugt man doch gar oft den Armen das Bluet aus den Adern durch ungerechtes Unterdrücken.... Wann schon die Gespenster bei den hellliechten Tag nicht erscheinen, wie vor Zeiten geschehen, so sehen doch die tägliche, veränderte, verkehrte, verbarockierte, verwispelte, verzauste, verflechte, verpomadierte, verpulferte, verstrichne, vermummerte, verglätte Gesichter fast wie die Gespenster aus: und so unsere Alten sollten von Toten auferstehen, wurden sie diese für Abenteuer und Gespenster unfehlbar halten, und bedeut das schon Krieg; Auf, auf dahero, ihr Christen! der Türkische Säbel ist vor der Thür!

Auf, auf, ihr Christen, und beschuldiget niemand anderen wegen des barbarischen Einfalls in euere Länder, als die gar häufigen Sünden dieser Zeit u. s. w.

Was ist der Türk? Ihr Christen thuet nicht ungezweiflet antworten: Er ist ein abcopierter Ante=Christ, er ist ein unersättliches Tiger, er ist ein eingefleischter Satan, er ist ein verdambter Welt=Stürmer; er ist ein grausamer Nimmersatt, er ist ein rachgierige Bestia, er ist ein gewissenloser Kronen=Dieb, er ist ein mörderischer Falk, er ist ein unvergnügter Lueder=Sack, er ist ein orientalisches Trachen=Gift, er ist der kettenlose Höll=

---

5 Wortspiel zwischen Türke und Türkis. — 29 nicht ungezw. doppelte Negation: ohne allen Zweifel.

Hund, er ist ein epicurischer Unflat, er ist ein tyrannischer Un=
Mensch u. s. w. Es ist wahr, meine liebe Christen, diese saubere
Preis=Namen verdient er gar zu wohl; aber ..... was hilft
es ganze Kriegs Heer zusammen rotten, und die Sünden nicht
ausrotten, wissen wir dann nicht, daß der Turk und dergleichen
Krieg Geißeln Gottes sein? ....
  So lang Adam, der erste Welt Pfleger, im Stand der Un=
schuld verharret, so lang er sich dem göttlichen Gehorsam nicht
entzogen hat, so lang seind alle Geschöpf seiner Botmäßigkeit
unterworfen gewest; das Wisel hat ihn nicht angeblasen, die
Katzen thäten zwar vorn lecken, hinden aber nicht kratzen, der
Löw hielte sich gegen ihm, wie ein Polster=Truckerl¹² gegen einer
Dama, nicht ein Mucken traute sich auf seine Nasen: was noch
wunderlicher! dazumalen prangte die liebfarbe Rosen mit ihren
majestätischen Purpur ohne Dörner, ohne diese stechende Stilet,
u. s. w.; so bald aber Adam, der erste Vater, sich gegen uns so
stiefvatterisch verhalten, so bald er gesündiget und Gott belei
diget, den Augenblick hat die kronmäßige Rosen solche feindliche
Waffen und grünen Stichdegen an der Seiten gehabt; ist also
gewiß, spricht der hl. Basilius, daß die schöne Rosen mit feind
lichen Waffen niemand ander überlästiget habe, als die Sünd.
  Der Zeiten hatte die Welt, absonderlich unser Europa, ein
solchen harten Zustand, welchen so bald kein Medicus wenden
kann; allen Ansehen nach ist es die Cholica, insgemein das
Grimmen genannt, daß es nichts thut als schneiden und stechen
in dessen Leib; zumalen kein Land fast ohne Krieg ist, kein
Land ohne feindliche Waffen; von vielen Jahren hero ist das
Römisch Reich schier Römisch Arm worden durch stäte Krieg;
von etlichen Jahren hero ist Niderland noch niderer worden
durch lauter Krieg: Eliaß ist ein Elendsaß worden durch
lauter Krieg: der Rhein=Strom ist ein Pein Strom worden
durch lauter Krieg, und andere Länder in Elender verkehrt
worden, durch lauter Krieg: Hungarn führt ein doppeltes Kreuz
in Wappen, und bishero hat es viel tausend Kreuz ausgestanden
durch lauter Krieg. ..... Die Sünd ist der Magnet, welcher
das scharfe Eisen und Kriegsschwert in unsere Länder ziehet.
..... Lebt man doch allerseits, als hätte der allmächtige Gott
das Chiragra, und könne nicht mehr dreinschlagen.

12 Polster=Truckerl, Schoßhund.

Gott der Allmächtige hat den Menschen von Leim gemacht, und wann er ihn auch hätte von Mist und Koth zusammen gefugt, so konnte er nicht unflätiger leben; .... Wer hat den Türken, diesen Erbfeind, gezogen in Asiam, in Europam, in Hungarn? Niemand anderer als die Sünd; nach dem S in ABC folgt das T, nach der Sünd folgt der Türk. .... Ein wahrhafte Maden, so unsern zeitlichen Wohlstand zerbeißt, ist die Sünd, und gleich wie David dem Goliath mit dessen eigenen Schwert den Kopf und Schädel abgehauet, also strafet uns Gott mit dem feindlichen Säbel, den niemand anderst geschmiedet hat, als unser eigene Sünden und verkehrter Lebenswandel.

Auf, auf, ihr Christen, und thuet nebenst Göttlicher Hülf auch eure Martialische Faust dem Feind zeigen!

Es ist ein Stadt in Meiren, die heißt Kronenburg, allbort kehren die König ein: es ist ein Städtel in Palästina, das heißt Bethlehem, allda kehren die Bettler ein: es ist ein Stadt in Bayren, die heißt Freising, dort kehren die Musikanten ein: es ist ein Stadt in Sachsen, die heißt Habersleben, dort kehren die zankischen Eheleut ein: zu Schwein= und Ochsenfurt können endlich die Fleischhacker und Mezger einkehren ꝛc., wo aber sollen die wackere Soldaten ihr Quartier haben? Es ist ein Markt in dem Herzogtumb Steyer, der heißt Mehr=Zuschlag, allbar müssen die Soldaten einkehren.

Hinweg mit denjenigen Soldaten, die lieber von den Muß= katellern, als von den Musketen hören! Fort mit denjenigen Soldaten, die lieber mit der Decken, als mit dem Degen umb= gehen! Aus mit solchen Soldaten, die lieber zu Freßburg als Preßburg in Garnison liegen! .... Zu schimpfen seind alle die= jenige Soldaten, die lieber mit der Sabini als mit dem Sabel umbspringen: entgegen ein rechtschaffener Soldat schreibet sich von Mehr Zuschlag, denn solcher aus unverzagter Tapferkeit nur begehrt auf den Feind mehr zue schlagen, drauf schlagen, dreinschlagen, drumbschlagen; ein solcher kühner und tapfrer Soldat ware absonderlich David. .... Allhier wär schier von

1 Leim, Lehm. — 23 vermutlich Würzzuschlag. — 25 Muß= katellerwein.

nöten den Officieren ein kleine Predig zu schnitzlen, und zwar
nicht allen insgesammt, sondern nur denjenigen, welche dem
gemeinen Kriegsmann das Seinige nicht erlegen. Zu dem Hl.
Joanni, dem Taufer, seind .... auch etliche scrupulosi Sol=
daten getreten, sprechend: Was sollen dann wir thun? Worauf
Joannes geantwortet: Thuet niemand Überlast, noch Gewalt:
contenti estote stipendiis vestris, und seiet mit eurem Sold
zufrieden. Joannes redet wohl heilig: wann aber der Soldat
den Sold nicht bekommt? wie es wohl zu Zeiten geschieht, daß
die Officier solchen in den unrechten Sack schieben.

Auf, auf, ihr christliche Soldaten, und erweget
wohl, daß euer sträflicher Wandel ein groß Hinderuus
sein der Viktori und Sieg.

Chlodovaeus, der allerchristlichste König .... ließe einen
ernsthaften Befehl ausgehen und allen seinen Soldaten verbieten,
daß sich keiner mutwillig unterfangen solle, den geringsten Men=
schen (im Gebiet des Hl. Bischof Martinus) zu beleidigen, son=
dern außer Gras und Wasser alles unverruckt lassen; zwei
freche Gesellen aber aus diesen schätzten solches Verbot nicht
hoch, sondern haben ein armen Bauern ein Büschel Heu gewalt=
thätig abgenommen; sobald nur solches dem ruhmwürdigsten
König zu Ohren kommen, hat er ganz eiferig den bloßen Degen
in die Höhe gehebt, im Beisein der ganzen Armee, und mit
heller Stimme in diese Wort ausgebrochen: Et ubi erit spes
victoriae, si sanctus Martinus offenditur? Wo wird dann ein
Hoffnung sein einiger Viktori und Sieg, wann der Hl. Martinus
beleidigt wird?

O wie mehr soll man den christlichen Soldaten, welche
bereits ganz herzhaft mit Wehr und Waffen wider den türkischen
Erbfeind ausziehen, diese kurze Predigt halten: Et ubi erit
victoria, si Deus offenditur? Wo wird dann ein Hoffnung sein
zum Sieg und Viktori wider diesen größten Feind, wenn Gott
beleidigt wird? Wo werd ihr die Gnad von Gott haben, den
Feind zu schlagen, wenn ihr alle Gebot Gottes thut ausschlagen?
Ubi erit spes victoriae? ....

14 Chlodwig, der erste Merovinger.

Wie oft heißt es bei euch Soldaten: Gotts Gallee Sacker ꝛc. wann euch sollte von einem jeden Flucher ein Haar ausgehen, so wurde euch in einem Monat der Schädel so glatt, und so er auch des Absalons Strobel gleich wäre, als wie ein gesottener Kalbskopf. .... So man zu allen Wettern, welche eure Fluch=Zung ausbrütet, müßte die Glocken läuten, man konnte gleich sam nicht Meßner genug herbeischaffen. Wenn ihr so viel Kugel dem Feind thät in dem Buesen werfen, wie viel gottslästerige Wort ihr gegen Himmel werft, so wollten wir inner 6 Wochen zu Constantinopel in dem Tempel Sophiae die Vesper singen.

David war auch ein Soldat und wiche Tapferkeit halber keinem bei der Zeit, hatte gar oft ganze Armeen zu commandiren, und zweifelsohne auch unbändige Kriegsknecht unter sich, doch hat dieser streitbare Kriegsfürst keinen viel tausend Teufel auf den Rücken geladen. Ich vermeine ja nicht, daß man das Maul muß weiter aufsperren zu diesem Spruch: „Gott helf' dir," als „der Teufel hol' dich." .... Demnach könnt ihr gar scheinbar erkennen, ob ihr solcher Gestalten würdig seiet, daß euch Gott solle Victori geben, indem ihr seinen allerheiligisten Namen und die von ihme der Kirchen hinterlassene heiligste und heilsameste Sacramenta lästert und endunehret: Ubi est spes victoriae, si Deus taliter offenditur? ....

Das Weib im Evangelio hat den verlornen Groschen gesucht und gefunden; der Saul hat die Esel gesucht und gefunden; der Joseph hat seine saubere Brüder gesucht und gefunden; der aber Zucht und Ehrbarkeit bei teils Soldaten sucht, wird nicht viel finden. ....

Es ist mehrmalen ein Gebot „Du sollst nit stehlen." Die Soldaten haben diese Wort mit einem einigen Strichel vermehrt, indem sie an statt des Nit das Mit gesetzt, wessentwegen es jetzt bei ihnen heißt: „Du sollst mitstehlen." ....

Es steckt demnach unter einer Peckelhauben viel Rauben und Klauben, und seind sie schon der Meinung, als seien sie deswegen Kriegs=Leut genennt, damit sie allenthalben sollen etwas kriegen, es liege solches auf der Bank oder in dem Kasten. Es giebt freilich wohl viel plumpe Soldaten, aber die mehrsten doch haben gute Inventiones, absonderlich bei den Bauren; dann wann sie allba eine Kuh stehlen, so nehmen sie das Kalb für

---

1 Gallee, Galeere — Verbrechergesellschaft.

ein Zuewag. Ob sie schon wenig Spitäler aufbauen, so thun sie doch viel arme Häuser stiften; nach göttlicher Lehr seind selig die Armen, beati pauperes: auf solche Weiß' befürderen die Soldaten viel Leut zur Seligkeit; diese gute Leut wollen gar keine Dieb sein, und treiben unterdessen stäts die freie Kunst: dahero die wehemütige Klag bei unsern Landsgenossen, daß sie von unsern Kriegs-Knechten mehrer Gewaltthatigkeit und Überlast leiden, als von dem Feind selbsten. Ob ihnen schon der hl. Johannes der Taufer geprediget, sie sollen mit ihrem Sold zu frieden sein und niemand das Seinige entfrembden, so schlagen sie doch diesen Strupel in Wind, und ist ihnen nie rechter, als wenns krumme Finger machen.

Das Ganze schließt mit der Aufforderung zu inbrünstigem Gebet, welcher der Pater gleichzeitig ein Mustergebet beifügt.

Halle a. S., Buchdruckerei des Waisenhauses.